Delia Wings

Warum Turbulenzen nicht gefährlich sind

Von einer Stewardess für Flugangst-Betroffene

DELIA WINGS

REISETIPPS EINER STEWARDESS

Delia Bannach 2021 Selbstverlag

ISBN 978-3-00-070748-3

Inhaltsverzeichnis

1. Vorwort

Turbulenzen im Flugzeug sind nervig - für die Kabinencrew und natürlich am meisten für die Fluggäste. Denn diese ärgern sich nicht nur über den verschütteten Tomatensaft, sondern fühlen sich bei Gewackel unwohl oder bekommen sogar richtig Angst.

Mein Name ist Delia und ich bin seit 2010 Flugbegleiterin bei einer großen, international agierenden Airline und seit 2019 Flugangst-Coach. Diesen Ratgeber schreibe ich, weil ich in den Jahren als Flugbegleiterin und Coach immer wieder erlebt habe, dass sehr viele Menschen Angst vor turbulenten Flügen haben. In meinem ersten Buch „Flugangst-Tipps einer Stewardess - Endlich angstfrei fliegen" habe ich das Thema Turbulenzen natürlich behandelt, aber in diesem Ratgeber gehe ich tiefer in diese Materie ein.

Ich selbst bin schon bei allen denkbaren Wettersituationen geflogen und kann schon vorab sagen, dass ich ganz selten sehr starke Turbulenzen erlebt habe.

Auf Facebook habe ich die Gruppe „Flugangst überwinden - Tipps und Antworten einer Stewardess" gegründet, in welcher sich die bis dato gut 2000 Mitglieder gegenseitig Mut machen. Turbulenzen sind dort auch immer wieder Thema, genauso wie in meinem telefonischen Flugangst-Coaching.

Diese weit verbreitete Angst möchte ich dir nehmen, da (wie es der Titel des Buchs schon sagt) Turbulenzen für das Flugzeug nicht gefährlich sind.

In diesem Büchlein nehme ich mir die Freiheit, das „Du" zu nutzen, da ich denke, dass Flugangst etwas sehr Persönliches ist und weil ich es gewohnt bin, Flugbegleiter und Piloten auch mit „Du" anzusprechen. Der Einfachheit wegen habe ich eine neutrale Sprache gewählt. Beispiel: Wenn ich von Piloten spreche, meine ich natürlich auch die Pilotinnen damit.

Inhaltlich wirst du mit einfachen Worten erfahren, was Turbulenzen sind und wie sie entstehen, wie sie sich anfühlen, welche Auswirkungen sie auf das Flugzeug, die Fluggäste, Cockpit- und Kabinencrew haben, was du bei Turbulenzen tun kannst und ich gebe dir noch ein paar Tipps zur Beruhigung mit „auf den Flug".

Damit du dich anschließend auch ein wenig besser mit dem Fliegen auskennst, findest du am Ende dieses Ratgebers noch ein kleines Flieger-Lexikon, welches dir Begrifflichkeiten und weitere Fakten nahe bringt.

Im Buch kommen viele Fachbegriffe vor, welche mit einem Pfeil → gekennzeichnet sind. So weißt du, dass du am Ende des Buches im Flieger-Lexikon noch genauere Erklärungen findest.

Ziel ist es für mich, dass du in Zukunft weniger bis keine Angst mehr hast, wenn das Flugzeug wackelt. Denn wer sich bewusst darüber ist, dass Turbulenzen zwar unangenehm, aber nicht gefährlich sind, kann viel entspannter in den Urlaub starten oder die Geschäftsreise erledigen.

Hier möchte ich mich noch einmal bei **allen Mitgliedern und Moderatoren** meiner Facebook Flugangst Gruppe bedanken. Ihr unterstützt euch gegenseitig so lieb und mich habt ihr auch unterstützt, indem ihr mir bei der Ideenfindung für den Inhalts dieses Buches geholfen habt. Merci allerseits!

Falls du noch mehr Hintergrundwissen und Tipps zum Thema Fliegen und Flugangst bekommen möchtest, könnte auch mein erstes Buch für dich interessant sein: „Flugangst-Tipps einer Stewardess - Endlich angstfrei fliegen" - zu finden auf Amazon.

Das Feedback zu meinem ersten Buch war und ist absolut grandios, also habe ich mich entschieden einen weiteren Ratgeber zu schreiben, der das Thema Turbulenzen genauer beleuchtet. Dies war nicht nur allein meine Idee, sondern auch der Wunsch einiger Leser meines ersten Buches. Ich hoffe das Niveau halten zu können und dass ich dir etwas mehr Sicherheit mit auf deinen nächsten Flug geben kann.

Get ready for takeoff!

2. Was ist Flugangst und was löst sie aus?

Rationale Ängste sind solche, die gerechtfertigt sind und dem Selbstschutz dienen. Du würdest mit Sicherheit niemals einen fremden, knurrenden Hund streicheln, da du weisst, dass die Chance auf einen schmerzhaften Biss ziemlich groß ist. Du erkennst die reale Gefahr und entziehst dich dieser Situation.

Flugangst, auch Aviophobie genannt, zählt zu den irrationalen, also unbegründeten Ängsten. Es ist also eine Angst, beziehungsweise Phobie, die unverhältnismäßig groß zur realen Gefahr gegenübersteht.

Wer an einer Spinnenphobie leidet, bekommt im schlimmsten Falle Panikzustände beim Anblick einer kleinen, harmlosen Spinne und ein Flugangst-Betroffener kann schon Herzrasen beim Buchen eines Flugtickets bekommen.

Somit sind Phobien eigentlich nur eine übertriebene, aber hartnäckige Angst vor bestimmten Dingen und

Situationen. Irrationale Ängste bewirken, dass du dich gefährdet fühlst, obwohl du rein faktisch keiner echten Gefahr ausgesetzt bist. Deine Emotionen machen, was sie wollen und du fühlst dich so, als ob du wirklich in einer (lebens-)gefährlichen Situation bist.

Ein Beispiel hierfür wäre die Angst, welche aufkommt, wenn man vor vielen Menschen eine Rede halten soll oder eine Präsentation machen muss. Das Herz rast, die Hände werden feucht und man fängt vielleicht an zu stottern.

Ist die Situation wirklich gefährlich? Nein, denn keiner der Zuhörer wird dich körperlich angreifen und es wird dich wahrscheinlich auch niemand fertig machen, selbst wenn der Inhalt deiner Rede langweilig war. In meiner Uni-Zeit habe ich oft gesehen, dass manche Kommilitonen während meiner Referate eingeschlafen sind oder zumindest einen ziemlich gelangweilten Gesichtsausdruck hatten - und trotzdem war ich sowas von aufgeregt. Jedes Mal dachte ich mir im Nachhinein, warum ich mich so gestresst habe.

Was ich dir damit sagen will? Dass irrationale Ängste normal sind und so gut wie jeder hat sie in gewissen Situationen. Allerdings ist Angst ein sehr unangenemes

Gefühl und ist in bestimmten Situationen Realität für Betroffene. Da ich finde, dass man Ängste immer ernst nehmen sollte, hoffe ich sie dir nehmen zu können.

Ich selbst habe eine kleine Phobie gegen Höhen, obwohl ich Flugbegleiterin bin. Im Flugzeug verspüre ich die Höhenangst jedoch nicht, da das Flugzeug in Bewegung ist. Das sagen übrigens auch viele Flugangst-Betroffene, dass sie ihre Höhenangst im Flugzeug gar nicht wahrnehmen.

Klar, es wäre gefährlich auf dem Sims eines Balkons im fünften Stock zu sitzen. Aber warum reicht mir schon der Blick nach unten, wenn ich ganz normal auf dem Balkon stehe, dass die Angst in mir hochkommt? Weil bei mir ein Kopfkino losgeht und mein Selbstschutz-Instinkt überreagiert.

Höhen sind generell für Menschen gefährlich, da wir keine Flügel haben - wir sind sogenannte Fußgänger. Nur das reicht aus, dass wir uns in einem Flugzeug nicht ganz wohlfühlen. Die höheren Luftzonen sind einfach nicht unser alltägliches Element. Hinzu kommt bei vielen Flugägstlern noch das Gefühl von Kontrollverlust.

Phobien können durch ein traumatisches Erlebnis entstehen oder sie entwickeln sich ohne offensichtlichen Grund. Genau wie bei anderen Angststörungen kann es auch viele Faktoren geben, die zusammenspielen und manche Menschen neigen genetisch einfach dazu, schneller in Angst und Panik zu verfallen.

Druck und Stress gehören zu den größten Faktoren, die Flugangst begünstigen können. Aber das muss gar nicht mal mit einem schlechten Flugerlebnis zusammenhängen, sondern kann auch eine Art „Kanal" dafür sein, innere Ängste und Druck an die Oberfläche geraten zu lassen. Die Psyche des Menschen ist hoch kompliziert und unergründlich.

Hattest du zu dem Zeitpunkt, als du deine Flugangst zum ersten Mal gespürt hast, vielleicht besonders viel Stress? Vielleicht hattest du Druck auf der Arbeit oder musstest sogar einen Trauerfall oder Liebeskummer bewältigen? Auch das sind Traumata, die nichts mit der Fliegerei zu tun haben, die sich aber beim Fliegen ihren Weg nach außen gesucht und sich als Flugangst gezeigt haben. Wenn sich Druck und Stress dann noch mit einem turbulenten Flug paaren, ist plötzliche Flugangst fast vorprogrammiert.

Disclaimer: Ich bin keine Psychologin, jedoch habe ich mich während meiner Recherchen mit Psychologen über das Thema ausgetauscht und natürlich viel gelesen.

Laut Hirnforschern arbeitet unser Gehirn in Bezug auf Emotionen (wie zum Beispiel Angst) noch genauso wie vor 70.000 Jahren - unsere Emotionen hatten nie ein Update. Wir denken also noch so wie in der Steinzeit. Gab es damals eine bedrohliche Situation, wurde entweder mit Starre, Flucht oder Angriff reagiert.

Doch innerhalb eines Flugzeugs kann man nicht einfach der Situation entfliehen und ein Angriff wäre ziemlich sinnlos - so „erstarren" viele Flugängstler im Flugzeug und krallen sich in die Armlehnen oder in die Hand des Reisepartners. An Bord habe ich auch schon verbal aggressive Menschen erlebt, bei denen sich herausstellte, dass diese Verhaltensweise auf eine starke Flugangst zurückzuführen war.

Jeder Mensch reagiert anders auf das Gefühl der Angst. Der eine Fluggast verfällt in die Starre und krallt sich an den Sitzlehnen im Flugzeug fest, der nächste ist gestresst und lässt den Druck über motzen und meckern heraus und wieder andere „flüchten", indem sie erst gar keinen Flug buchen oder das Flugzeug im letzten Moment doch nicht betreten - all das ist menschlich.

Wenn wir also noch genauso fühlen wie vor vielen tausend Jahren, als Menschen noch nicht in der Luft um die Welt gejettet sind, ist es absolut nachvollziehbar, das Fliegen als Gefahr anzusehen – auch wenn du vielleicht früher mal keine Flugangst hattest. Wir Menschen werden immer Fußgänger bleiben und fühlen uns in der Luft nicht gerade zu Hause.

Flugangst kann sich auch plötzlich bei Frauen entwickeln, die Mutter geworden sind. Obwohl diese Frauen vor der Mutterschaft noch locker um die Welt flogen, haben sie nun Angst, dass Fliegen für ihr Kind und sich selbst als Mutter zur Gefahr werden kann - der (Mutter-)Schutzinstinkt schaltet sich ein und das Kopfkino beginnt.

Dies kann dann auch dazu führen, dass Eltern ungewollt ihre Flugangst an die Kinder übertragen - die Flugangst wird sozusagen „erlernt".

Ein ganz wichtiger Punkt sind auch „vermeintlich" schlechte Erlebnisse beim Fliegen. Oft genug entwickelt sich eine Flugangst, wenn man sich mal im Flugzeug nicht mehr sicher gefühlt hat. Stärkere Turbulenzen verursachen bei den meisten Fluggästen Angst, da die wenigsten wissen, dass Turbulenzen dem Flugzeug nichts antun können. Sie durchleben diese wackelige Zeit mit Angst um ihr Leben, nichts ahnend, dass keine Gefahr droht - aber das Trauma sitzt trotzdem.

Es kann auch andere „vermeintlich" schlechte Erfahrungen geben, die Flugangst auslösen. Ein weiteres Beispiel für eine Situation, die unerfahrene Fluggäste als gefährlich einstufen würden, wäre eine Sicherheitslandung aus technischen Gründen. Damit ist keine Notlandung gemeint, sondern eine Landung aus Sicherheitsgründen.

Es gibt nämlich eine konkrete Liste der Geräte, die immer funktionieren müssen - auch wenn sie nichts mit der Flugfähigkeit des Flugzeugs zu tun haben. Beispielsweise das Telefon, mit dem sich die Kabinen- und Cockpit-Crew in Verbindung setzen. Fällt es aus, würde ganz normal gelandet werden, jedoch gegebenenfalls nicht auf dem ursprünglich anvisierten Zielflughafen, sondern vielleicht wieder beim Startflughafen, wenn dieser noch in der Nähe ist, oder ein anderer, welcher sinnvoll ist. Sinnvoll ist ein Flughafen, der das defekte Gerät auch vor Ort austauschen kann oder über Ersatzflugzeuge verfügt, wenn die Reparatur zu lange dauern würde.

Unerfahrene, beziehungsweise skeptische Fluggäste würden die Situation vielleicht dramatischer einstufen, als sie eigentlich ist. Denn Gefahr hat es zu keiner Sekunde gegeben, aber viele hören nur die Aussage „Technisches Problem" und bekommen direkt Panikzustände. Da in der Fliegerei aber nichts dem Zufall überlassen wird, gibt es strikte Regeln und Gesetze, die eingehalten werden - auch wenn man theoretisch ohne das sogenannte → Interphone (Crew-Telefon) weiterfliegen könnte - ist dies aber aus Sicherheitsgründen verboten.

Solche Sicherheitslandungen kommen oft vor und sind kein Grund zur Sorge - sie dienen der Sicherheit.

Falls du mal eine unangenehme Situation an Bord eines Flugzeugs erlebst, frag am besten zeitnah bei der Crew nach oder spätestens beim Aussteigen, damit deine Psyche nicht ewig denkt, dass du in echter Gefahr warst. Die Crew wird dich bestimmt beruhigen. Frag die Flugbegleiter, denn sie antworten dir gerne.

Da Flugangst auf Emotionen basiert, schmeißt sich die Presse natürlich immer auf jeden (auch unbedeutenden)

„Vorfall". Oft wird in der Presse eine undramatische und langweilige Sicherheitslandung zur Notlandung umschrieben, damit mehr Leser Interesse an diesen Fake-News bekommen (emotional aufgeladene Texte werden eher gelesen als trockene und ehrliche Berichterstattungen).

Auch Google ist voller Falschinformationen, was das Fliegen betrifft. Die Autoren dieser faktisch falschen Berichte versuchen durch dramatische Darstellungen viele Klicks zu bekommen und schüren damit die Flugangst - und das selbst bei angeblich seriösen Tageszeitungen. Wenn du etwas bei Google zur Fliegerei suchst und der Inhalt des Textes bedrohlich auf dich wirkt, dann kannst du davon ausgehen, dass dieser Text nicht ernst zu nehmen ist und nur auf Panikmache aus ist.

Es kann also viele Gründe haben, warum jemand Flugangst entwickelt. Man kann genetisch dazu veranlagt sein, hat eine „vermeintlich" gefährliche Situation erlebt, findet ohne Ende dramatische und teilweise falsche Pressemitteilungen, ist noch nie geflogen oder tut es einfach zu selten, um es normal zu finden.

Viele Flugangst-Betroffene machen sich auch Gedanken, ob eine billige oder unbekannte Airline überhaupt sicher ist und werden von den Rezensionen im Internet verunsichert, da dort meistens über den Service und Sitzabstand gemeckert wird. Dabei entsprechen auch solche Airlines den Sicherheitsstandards der → EASA (Europäische Behörde für Flugsicherheit).

Manche Menschen verwechseln auch einfach die normale Reisenervosität mit Flugangst, denn viele werden auch vor Reisen mit Auto, Bus und Bahn nervös. Reisen kann einfach generell stressig sein.

Flugangst ist zwar nicht rational, aber trotzdem ein großes Problem für mehr Menschen, als man denken würde. Jeder Betroffene hat andere Sorgen und Bedenken, aber bei den meisten wirkt es sich mit Herzrasen, Schweißausbrüchen bis hin zu Schwindel, Durchfall und Kopfschmerzen aus - die typischen Symptome, welche man auch in wirklich gefährlichen Situationen bekommt.

Menschen mit sehr starker Flugangst vermeiden das Fliegen komplett oder bekommen schon beim Buchen des Fluges bereits Angstzustände - so viel Macht hat der Kopf über den Körper.

Aber wo Schatten ist, gibt es auch Licht: Flugangst ist eine Phobie - und Phobien sind heilbar! Ich hoffe, dass du nach dem Lesen dieses Ratgebers das Wackeln im Flugzeug nicht mehr als Gefahr, sondern als „normal" ansiehst, damit du entspannter dein Reiseziel erreichst.

3. Wie hebt ein Flugzeug ab?

Beim Starten ist es auch die Kraft der Luft, die ein tonnenschweres Flugzeug in die Höhe bringt. Bei einer Geschwindigkeit von bis zu ca. 300 km/h fließt der Luftstrom so über und unter den Tragflächen entlang, dass unter den Tragflächen Druck entsteht, der das Flugzeug nach oben drückt und über den Tragflächen ein Sog entsteht, der das Flugzeug nach oben zieht. Es ist also kein großes Wunder, dass riesige Flugzeuge abheben können, sondern reine Physik.

Es sind vier verschiedene Kräfte, die auf das Flugzeug wirken:

- Antrieb (Schubkraft durch die Triebwerke)
- Auftrieb (zieht und drückt das Flugzeug aerodynamisch nach oben)
- Gewicht (des Flugzeugs), bzw. Erdanziehungskraft
- Luftwiderstand

Das Interessante: Wenn sich das Flugzeug in der Luft bei gleichbleibender Flughöhe konstant weiterbewegt, heben sich die vier oben genannten Kräfte gegenseitig auf. Der Antrieb gleicht den Luftwiderstand aus und der Auftrieb wirkt gegen die Erdanziehungskraft - egal wie schwer das Flugzeug ist. Das Flugzeug ist „im Flow" und gleitet durch die Luft.

Nur der Antrieb und der Auftrieb sind die beiden Faktoren, die ein Flugzeug durch seine Bauweise mit sich bringen muss, denn der Luftwiderstand und die Erdanziehungskraft sind von der Natur aus gegeben.

Aber erst einmal von vorne:

Auf der Startbahn beschleunigt ein Flugzeug in kürzester Zeit auf bis zu 300 km/h (Antrieb). Somit pfeift ein ganz schöner Wind um die Tragflächen („Flügel"), welche leicht nach oben gewölbt und ein wenig schräg am Flugzeugrumpf angebaut sind. Zudem sind ausfahrbare Vorflügel und Landeklappen angebracht, welche für Start und Landung die Wölbung und somit den Auftrieb weiter erhöhen - das Flugzeug fliegt so schon bei geringerer Geschwindigkeit.

Durch die Schrägstellung der Tragflächen, die ausgefahrenen Landeklappen und das Anheben der Nase wird die Luft unter die Tragflächen gelenkt und sie drückt das Flugzeug bei so hoher Geschwindigkeit nach oben.

Der Antrieb übertrifft den Luftwiderstand deutlich und so beschleunigt das Flugzeug zügig auf der Startbahn. Nun erzeugt die Luftströmung um die angestellten Tragflächen Auftrieb. Diese Kraft muss größer sein als das Gewicht des Flugzeugs bzw. die Erdanziehungskraft - das Flugzeug hebt ab.

Beim Sinkflug wird der Antrieb gedrosselt. Weil das Flugzeug nicht zu langsam werden darf, beginnt es langsam Richtung Boden zu sinken, denn die Erdanziehungskraft ist nun etwas größer als der Auftrieb. Der Luftwiderstand wird im Anflug genutzt, um das Flugzeug zu verlangsamen.

Je größer und schwerer das Flugzeug ist, umso größere Tragflächen hat es, um die erwünschten aerodynamischen Effekte zu erzielen. Der Doppeldecker A380 hat riesige Tragflächen und sogar vier Triebwerke, die den nötigen Schub zu erzeugen.

Genau genommen ist das Gewicht eines Flugzeugs gar nicht so relevant, solange es durch seine Bauart (Triebwerke und Tragflächen) genügend Auftrieb erzeugen kann.

Viele Flugängstler sind beim Start besonders angespannt. Die Turbinen werden laut, das Flugzeug beschleunigt schnell auf bis zu knapp 300km/h und man spürt den Schub und wird ein wenig in den Sitz gedrückt - so wie bei einer schnellen Beschleunigung in einem Sportwagen.

Hast du beim Starten auch einen Adrenalinschub, der dir zu schaffen macht?

Dann habe ich folgende Tipps für dich:

- Wenn dich das laute Geräusch der Turbinen beunruhigt (so normal es auch ist), dann höre beruhigende Musik oder nutze Ohrstöpsel zum Abdämpfen der Geräusche.
- Iss etwas Scharfes oder Saures. Kommt die Panik auf, kann man das Gehirn und Bewusstsein mit extremen Geschmäckern ablenken. Bereite dir Zitronenscheiben oder Ingwerstückchen vor und habe sie im Handgepäck. Ingwer hilft übrigens auch sehr gut gegen Übelkeit.

- Atme tief durch die Nase ein und aus. So verteilst du Sauerstoff im Körper und das hilft, den Herzschlag zu senken. Sitz dabei gerade und bringe deine Schultern nach hinten.
- Aufrechtes Sitzen hilft beim Start auch dabei, den Schub nicht so sehr zu spüren. Statt dich in den Sitz zu lehnen, sitzt du gerade und atmest dabei tief. So spürst du den Schub am Rücken weniger. Zur Ablenkung hilft auch Zählen, Kopfrechnen oder Kreuzworträtsel lösen.
- Progressive Muskelentspannung hilft auch gegen aufkommende Panik. Bei dieser Übung spannst du jeden Muskel deines Körpers hintereinander 5 Sekunden lang an. Du fängst mit den Muskeln in den Füßen an. Fünf Sekunden halten und dann 10 Sekunden locker lassen. Danach machst du weiter mit den Unterbeinmuskeln und so weiter, bis du am Kopf angekommen bist. Das Gute daran ist, dass du diese Übung machen kannst, ohne dass Mitreisende etwas davon mitbekommen. Du kannst dir auch Podcasts über progressive Muskelentspannung anhören.

- Smalltalk mit anderen Mitreisenden kann auch helfen, jedoch ist das laute Geräusch der Turbinen während des Beschleunigens auf der Startbahn etwas störend, aber sobald das Flugzeug in der Luft ist (dauert nur einige Sekunden), kannst du dich mit Reden ablenken und beruhigen.
- Zu guter Letzt: So schwer es klingen mag, aber sei positiv eingestellt. Statt die Angst in den Fokus zu stellen, könntest du deine Gedanken in eine positive Richtung lenken. Du könntest dich freuen, dass du nun endlich auf dem Weg in den Urlaub bist und eine tolle Zeit auf dich zukommt.

Mehr Tipps zur Beruhigung von mir und von Flugangst-Betroffenen findest du in den Kapiteln 26 und 27.

4. Sind Start und Landung wirklich gefährlich?

Der Start

Die Piloten eines Flugzeugs werden nie einfach so zur Startbahn rollen und abheben, so wie man am Sonntag schnell ins Auto steigt und zum Bäcker fährt. Vor dem Abflug wird der Flug minutiös geplant: Die Treibstoffmenge inklusive Reserve berechnet, das Wetter berücksichtigt, der technische Zustand des Flugzeuges überprüft, usw. Vor dem Start darf man ohne Erlaubnis nicht einmal die Parkposition am Flughafen verlassen (→ Fluglotsen). Laut einer Statistik passieren acht Prozent aller „Unfälle“ am Boden: beim Beladen, oder beim Rollen zur Startbahn. Es herrscht nämlich ziemlich viel Verkehr auf Flughäfen. Andere Flugzeuge und viele Fahrzeuge sind unterwegs und können auch kollidieren.

Kurze Anekdote: Ich selbst hatte schon mal die Erfahrung auf dem New Yorker Flughafen JFK, dass unser Flugzeug zur Parkposition gezogen wurde und die Spitze unserer rechten Tragfläche gegen ein anderes Flugzeug gestoßen ist. Es hat ganze 1,5 Stunden gedauert, bis unser Flieger wirklich an der Parkposition stand und die Fluggäste und wir Crewmitglieder aussteigen konnten, da von der örtlichen Flughafenpolizei erst alles protokolliert und fotografiert werden musste. Der arme Flughafenmitarbeiter, der den Flugzeugschlepper manövriert hat – er hat seinen Job bestimmt verloren. Und ja, so etwas zählt natürlich auch als Unfall in der Fliegerei.

Aber dich interessiert ja am meisten, was während der Startphase riskanter ist, als in Reiseflughöhe. Wenn ich jedoch „riskant" schreibe, dann meine ich eher damit, dass die Phase von Start und Landung schlichtweg mehr Konzentration der Cockpit-Crew benötigt. Nicht nur am Boden herrscht viel Verkehr, sondern auch in der Luft. In der Nähe des Flughafens befinden sich viel mehr Flugzeuge als auf Reiseflughöhe. Die Piloten sind im Funkkontakt mit den Fluglotsen, die den Verkehr am Boden und in der Luft managen - ohne Startfreigabe seitens der Fluglotsen hebt kein Flugzeug ab.

Außerdem ist der Start die einzige Flugphase, die von den Piloten immer von Hand durchgeführt wird. Der Reiseflug wird eigentlich immer vom Autopiloten übernommen, während er von den Piloten ständig überwacht wird. Gelandet wird fast immer von Hand, lediglich bei schlechter Sicht übernimmt dies der Automat - auch wieder unter genauer Überwachung durch die Piloten.

Natürlich machen die Piloten dann noch so einiges anderes kurz nach dem Start. Da sie sich in dieser Zeit am meisten konzentrieren, wird während Start und Landung das „sterile cockpit" (→ steriles Cockpit) angewandt. Das bedeutet, dass im Cockpit nur über flugrelevante Dinge gesprochen werden darf und z.B. die Flugbegleiter im Cockpit nicht aus unwichtigen Gründen anrufen dürfen.

Sobald ca. 3.000 Meter erreicht sind und der Luftraum nicht mehr dicht gedrängt ist, schaltet die Cockpit-Crew die Anschnallzeichen aus und wir Flugbegleiter wissen, dass wir auch wieder vorne anrufen dürfen.

Auf Langstreckenflügen freut sich das Cockpit-Team sogar auf Besuch von uns Flugbegleitern, da es da vorne auch mal langweilig sein kann, wenn es stundenlang geradeaus geht und die Abstände zwischen administrativen Arbeiten größer werden. Trotzdem werden die Anzeigen immer im Auge behalten und der

Funkkontakt wird mit der zuständigen Bodenstation ständig gehalten.

Die Landung

Werden die Anschnallzeichen von den Cockpit-Kollegen kurz vor der Landung wieder eingeschaltet, beginnt erneut die Phase des „sterile cockpit". Auch hier müssen sich die Piloten wieder konzentrieren – allerdings nicht, weil sie das Landen nicht können, sondern weil der Anflug jetzt wichtiger ist als das Fußballmatch vom Vortag. Dies ist gesetzliche Vorschrift und dient der Sicherheit. In der Fliegerei wird nämlich nichts dem Zufall überlassen. (→ Kapitel 28).

Der Luftraum ist in der Nähe des Zielflughafens wieder „voller" mit anderen Flugzeugen, die Cockpit-Crew ist im Funkkontakt mit den Fluglotsen im Tower und braucht die Landeerlaubnis. Die Fluglotsen stellen sicher, dass die Piste frei ist für das landende Flugzeug.

Es gibt übrigens Flughäfen, die ständig „Stau" haben und da ist es ganz normal, dass man einige Kreise fliegen muss, bevor man landen darf – also habe da bitte keine Sorge, wenn du so etwas mal erlebst, das ist ganz normaler

Flieger-Alltag. Spontan fallen mir da London Heathrow und JFK (New York) ein. Dort bin ich, glaube ich, nie direkt gelandet, ohne extra Runden zu fliegen.

Für die Landung müssen die Piloten natürlich auch einiges im Auge haben. Dazu zählt die Geschwindigkeit, die Höhe, wie schnell das Flugzeug sinkt, der Schub, Winde und so weiter. Die Bordcomputer geben im Cockpit diese Daten optisch und akustisch an.

Denn: Im Endanflug sind die vier Kräfte wieder im Gleichgewicht: Der Antrieb ist so groß wie der Luftwiderstand und die Erdanziehungskraft so groß wie der Auftrieb (abzüglich dem Sinkflug). So ist sichergestellt, dass sich das Flugzeug nicht zu tief, zu hoch, zu langsam oder zu schnell der Piste nähert, sondern völlig stabil. Sollte dieses Gleichgewicht einmal gestört werden oder z.B. die Landebahn doch nicht frei sein, wird die Landung abgebrochen. Man fliegt einmal um den Flughafen und führt es noch einmal durch (→ Durchstarten).

Setzt das Flugzeug am Boden auf, wird mit Störklappen auf den Tragflächen, mit Gegenschub und Bremsen das Flugzeug abgebremst und rollt anschließend zur Parkposition. Auch hier sorgt ein Flugverkehrsleiter dafür, dass keine Kollisionen mit anderen Fahrzeugen oder Flugzeugen am Boden passieren.

Wie du aus meinen Zeilen wahrscheinlich schon herauslesen konntest, sind Start und Landung nicht gefährlich. Sie verlangen einfach einige Dinge mehr, die beachtet werden müssen, als auf Reiseflughöhe. Man kann also sagen, dass im Vergleich zur Reiseflughöhe die Starts und Landungen zwar die erhöhte Konzentration der Cockpit-Crew brauchen, aber sie sind nicht gefährlich im eigentlichen Sinne.

Man kann es auch damit vergleichen, wie das Auffahren mit einem Auto auf eine Autobahn. Als Fahrer muss man sich konzentrieren, da man sich einfädeln muss – nur, dass Fliegen viel sicherer ist, als jede Autofahrt. Weil alles genau geplant wird und weil nicht nur ein Mensch involviert ist, sondern mindestens zwei Piloten, die Fluglotsen usw.

5. Was sind Turbulenzen und welche Einstufungen gibt es?

Flugzeuge fliegen durch das Element Luft, welche immer in Bewegung ist. Klar, es gibt Flüge, die von Start bis Landung kaum wackeln, aber meist ist es so, dass man doch öfter mal die Auswirkungen der Winde im Flugzeug spürt. Das sind grob gesagt auch Turbulenzen: das Gewackel im Flugzeug - verursacht durch Winde in der Luft.

Gerade Menschen mit Flugangst tendieren dazu, das kleinste Gewackel schon als Turbulenz zu bezeichnen. Jedoch sprechen wir nicht von Turbulenzen, wenn der Inhalt deines Getränkebechers etwas vibriert. Wenn du in einem Zug sitzt, wird dein Getränk auch nicht so still stehen wie zu Hause auf deinem Couchtisch.

Es gibt drei (bis vier) Kategorien von Turbulenzen in der Luftfahrt:

„Light" (leicht):

Der Inhalt von Getränkebechern kommt schon etwas ins Schwanken und es fühlt sich an wie ein rhythmisch-holpriges Gewackel. Das Laufen in der Kabine ist nicht eingeschränkt und die Flugbegleiter führen normal ihren Service durch.

„Moderate" (moderat):

Die moderaten Turbulenzen sind etwas mehr als die leichten. Getränke schwappen über, das Laufen in der Kabine ist erschwert und ungesicherte Gegenstände verselbständigen sich teilweise. Die Anschnallzeichen werden von den Piloten eingeschaltet, die Flugbegleiter stellen den Service ein, verstauen ungesicherte Gegenstände und setzen sich auf ihre Flugbegleiter-Sitze.

Das ist der Punkt, wo die meisten Flugangst-Betroffenen glauben, dass Gefahr droht. Die Kabinen-Crew hat gegebenenfalls nicht mehr das Service-Lächeln im Gesicht und der Kapitän macht vielleicht ein englisches Kommando an die Flugbegleiter, sich zu setzen: „Cabin Crew, please be seated" (Kabinen-Crew bitte hinsetzen).

Jedoch brauchst du dir keine Sorgen machen, wenn wir Flugbegleiter unser Lächeln in ein konzentriertes Gesicht verändern. Wir möchten schnell sicherstellen, dass alle Gegenstände verknebelt und gesichert sind, damit sich kein Gast oder die Crew selbst an herumfliegenden Sachen verletzen und wollen vermeiden, dass jemand hinfällt.

Die Crew weiß, dass Turbulenzen dem Flugzeug nichts antun können. Hierbei geht es einfach um Eigenschutz. Wenn wir uns in der Kabine trotz moderaten Turbulenzen aufhalten, begeben wir uns in Gefahr hinzufallen oder uns zu stoßen. Sind wir trotz Ansage des Kapitäns noch unnötig in der Kabine unterwegs, würde auch keine Versicherung zahlen, wenn es zu einer Verletzung kommen würde.

Und unter uns: Manchmal finden wir Flugbegleiter es gar nicht so schlimm, wenn wir den Service einstellen sollen und genießen unsere „Zwangspause" auf den Crew-Sitzen. Meist quatschen wir Kollegen dann oder wir lesen Zeitschriften. Für uns ist es normal zu sitzen, wenn es zu holprig ist und wir sind ganz entspannt.

Ich bin sogar einer der ersten, die ihren Service-Wagen freiwillig aus dem Gang zieht, wenn Gewackel aufkommt

- einfach, weil ich diesen 70 Kilogramm schweren Wagen nicht gegen mein Knie oder auf meinen Fuß bekommen möchte und natürlich auch die Gäste schützen will.

Das hört sich alles dramatisch an, aber ist es eigentlich gar nicht. In der Fliegerei geht es immer darum, Risiken zu minimieren. Lieber ziehe ich den Wagen aus dem Gang und warte bis das Gewackel weniger wird, als dass ich blaue Flecken am Schienbein riskiere. Auch wenn manch ein Fluggast bemängelt, dass er noch kein Getränk bekommen habe - Sicherheit geht immer vor.

Moderate Turbulenzen werden von den Piloten an die Flugsicherung gemeldet, damit andere (Passagier-)Flugzeuge auf dieser Flugroute diesen turbulenten Luftraum umfliegen können. Die Fluggäste sollen ein besseres Reiseerlebnis haben, die Kabinen-Crew kann ihrer Arbeit so besser nachgehen und die Verletzungsgefahr innerhalb des Flugzeugs wird auch minimiert. Dem Flugzeug selbst können Turbulenzen nichts anhaben - es ist für turbulente Luftverhältnisse gebaut und getestet.

Moderate Turbulenzen werden von den Fluggästen meist schon als sehr gefährlich eingeschätzt, weil einige Gäste vielleicht vor Schreck kreischen und die Flugbegleiter kaum noch laufen können. Diese Form von Turbulenzen ist allerdings überhaupt kein Problem für die Piloten - sie haben das Flugzeug komplett unter Kontrolle.

Flugzeuge mit Passagieren und Crew an Bord fliegen, wann immer möglich so, dass Turbulenzen vermieden werden. Frachtflugzeuge hingegen fliegen auch durch richtig wackelige Luftzonen, da die Piloten wissen, dass dies dem Flugzeug nicht schadet und keine Crew oder Fluggäste an Bord durch Turbulenzen hinfallen können.

„Severe" (stark):

Starke Turbulenzen sind gefährlich für die Crew und die Fluggäste, wenn sie nicht angeschnallt sind und Gegenstände wie Gepäck und Service-Utensilien nicht gesichert sind.

Ungesicherte Gegenstände und nicht angeschnallte Gäste könnten unkontrolliert durch die Kabine fliegen und die Verletzungsgefahr wäre sehr groß. Aber dem Flugzeug selbst macht das nichts aus - es ist auch für starke Turbulenzen gebaut. Seit über 40 Jahren ist kein Flugzeug wegen Turbulenzen verunglückt!

Ich selbst habe in zehn Jahren nur zweimal ziemlich starke Turbulenzen erlebt, aber auch da sind alle Gäste und die Crew nach der Landung gesund wieder aus dem Flugzeug gestiegen, weil alles ordentlich verstaut war und die Crew und Fluggäste angeschnallt waren. Ich denke, dass diese Turbulenzen allerdings wahrscheinlich noch unter die Kategorie „moderat" gefallen sind. Schwere Turbulenzen erleben selbst sehr erfahrene Piloten und Flugbegleiter selten bis nie, aber auch diese tun dem Flugzeug nichts an.

Fazit: Turbulenzen können den Fluggästen und der Crew nur innerhalb des Flugzeugs gefährlich werden, aber das Flugzeug selbst bleibt in der Luft und unbeschädigt.

Deshalb bist du auch verpflichtet, im Flugzeug immer angeschnallt zu bleiben, wenn du sitzt - auch wenn die Anschnallzeichen ausgeschaltet sind. Turbulenzen können auch mal plötzlich auftreten.

Manchmal schalten die Piloten auch präventiv die Anschnallzeichen an, da sie die Info bekommen haben, dass ein voraus fliegendes Flugzeug turbulente Luftzonen festgestellt hat. Es kann also vorkommen, dass die Anschnallzeichen angehen, aber letztendlich gar keine Turbulenzen aufkommen, weil sich die Winde in der

Zwischenzeit schon wieder verändert haben. Die Piloten schalten die Anschnallzeichen wieder aus und manch ein Fluggast wundert sich, warum diese überhaupt eingeschaltet wurden. Jetzt kennst du die Antwort.

In der Fliegerei wird immer präventiv auf Nummer sicher gegangen - auch wenn nicht jeder Fluggast seinen Kaffee bekommt, wenn sich die Flugbegleiter hinsetzen und den Service unterbrechen.

Es gibt auch noch eine vierte Form von Turbulenzen: „Extreme". Da die extremen Turbulenzen allerdings nur innerhalb von Tornados oder anderen ähnlichen Wetterzonen vorkommen und diese von Flugzeugen nie durchflogen werden, erwähne ich sie nur der Vollständigkeit halber.

6. Die Formen von Turbulenzen

Ich versuche dir kurz und knapp die sechs Gründe für die Entstehung von Turbulenzen zu erklären:

Thermische Turbulenzen hängen mit der Umgebungswärme zusammen. Die Sonne erwärmt die Luft nahe der Erdoberfläche. Wärmere Luft hat eine geringere Dichte als kalte Luft und steigt deshalb nach oben. Dies macht sich beim Durchfliegen durch Gewackel bemerkbar.

Orographische Turbulenzen entstehen durch die Beschaffenheit der Erdoberfläche (Berge, Täler, Wälder, hohe Gebäude etc.) in Zusammenhang mit Winden. Durch das Auftreffen von Wind auf Berge etc. entstehen Verwirbelungen.

Beim Starten und Landen können durch **Windscherungen**, also kurzfristige Winddrehungen in Bodennähe, Turbulenzen entstehen.

Durchfliegt ein Flugzeug eine Wolke, kann es durch die Veränderung der Dichte der Luft, sowie durch vertikale **Luftbewegungen innerhalb der Wolke** zu Gewackel kommen - muss es aber nicht.

Die fünfte Form von Turbulenzen sind **Klarluftturbulenzen** (Clear Air Turbulences – CAT´s), welche im Volksmund auch **„Luftlöcher"** genannt werden.

Schon durch die gruselige Volksmund-Bezeichnung glauben einige Menschen, dass es sich tatsächlich um Löcher in der Luft handelt.

Jedoch befindet sich dort genauso viel Luft und es ist kein Loch - sondern es ist eine Luftmasse auf Reiseflughöhe, in welcher sich die Geschwindigkeiten starker Winde unterscheiden. Fliegt das Flugzeug z.B. in eine Zone mit weniger Gegenwind ein, verliert es kurz ein bisschen Auftrieb und sinkt darum ein paar Meter ab - jedoch selten mehr als ein paar Meter, was bei einer Reiseflughöhe von „Pi mal Daumen" 10 Kilometern wirklich nichts ausmacht. (Auch wenn du das Gefühl hast, dass das Flugzeug mehrere hundert Meter absackt, sind es selten mehr als gute 10 Meter.)

Das Gefühl beim Durchfliegen von Klarluftturbulenzen ist wie beim Fahren mit einer Achterbahn. Es kribbelt im Bauch, da man kurz das Gefühl hat, zu fallen.

Die Piloten von Passagierflugzeugen verlassen nach Möglichkeit diesen Luftraum, der von Klarluftturbulenzen betroffen ist, und melden anderen (Passagier-)Flugzeugen in der Nähe diese Information.

Klarluftturbulenzen treten meist im Zusammenhang mit starken Höhenwinden - sogenannte Jetstreams (→ Kapitel 14) - auf. Da diese gerne genutzt werden, um schneller vorwärtszukommen, kommen sie in der Fliegerei auch oft vor und sind keine Bedrohung für das Flugzeug. Wenn du immer angeschnallt bist, solange du dich auf deinem Sitz befindest, hast du nichts zu befürchten. Da sie für die Passagiere oft plötzlich auftreten, erschrecken sich viele Fluggäste. Du weißt nun aber, dass dir keine Gefahr dabei droht.

Flugzeuge können auch in Turbulenzen geraten, wenn sie in sogenannte → Wirbelschleppen fliegen. Das sind Verwirbelungen der Luft, die nicht natürlich entstanden sind, sondern durch andere Flugzeuge. Flugzeuge müssen daher immer einen gewissen Abstand hintereinander haben.

7. In diesen Luftschichten bewegen sich Flugzeuge

Die Reiseflughöhe von Flugzeugen hängt vom Flugzeugmuster ab und liegt zwischen knapp 3 km und gut 13 km.

Bis zu 15 km über dem Meeresspiegel liegt die Troposphäre, welche die unterste Schicht der Erdatmosphäre ist - somit fliegen Flugzeuge immer in der Troposphäre.

Die Sonne erwärmt hauptsächlich nur den Erdboden und nicht die komplette Troposphäre. Warme Gase breiten sich aus und steigen hoch, während kalte nach unten sinken. Die Luft wird „durchmischt"; es entstehen Winde, Wolken, Regen, Nebel, Gewitter usw. Das gesamte Wetter entwickelt sich im Bereich der Troposphäre.

Die Troposphäre lässt sich auch in einzelne Schichten unterteilen, die jeweils andere Windbedingungen vorweisen.

Die Prandtl-Schicht

Diese Luftschicht befindet sich bis in ungefähr 100 Meter über dem Boden. Mit zunehmender Höhe wird die Windgeschwindigkeit durch den fehlenden Reibungseffekt des Bodens größer. Gerade bei hohen Temperaturen können hier vertikale Luftbewegungen entstehen (konvektive Turbulenzen).

Die planetarische Grenzschicht

Zwischen einem halben und zwei Kilometern liegt die planetarische Grenzschicht, in welcher die Windstärken zunehmen und die Windrichtungen wechseln können.

Die freie Schicht

Die freie Schicht ist annähernd reibungsfrei und liegt zwischen 2 und 15 Kilometern über dem Boden. In dieser Höhe findet auch der meiste Flugverkehr statt. Zu Gewackel kann es auch in dieser Schicht kommen, aber grob kann man sagen, dass Turbulenzen immer unwahrscheinlicher werden, je höher das Flugzeug fliegt.

8. Ansagen im Flugzeug

Nach dem Start macht der Kabinenchef eine → Ansage an die Gäste, in der unter anderem gesagt wird, dass die Fluggäste dazu verpflichtet sind, angeschnallt zu bleiben, solange sie sich auf ihrem Sitzplatz befinden. Das dient der eigenen Sicherheit und die der Mitreisenden. Diese Ansage wird bei jedem einzelnen Flug gemacht.

Dann gibt es noch die Ansage (auch wieder vom Kabinenchef) an die Fluggäste, dass sie sich zur Landung wieder anschnallen, die Tische hochklappen und die Fensterblenden hochschieben müssen. Die Fensterblenden sollen beim Starten und zur Landung übrigens geöffnet sein, damit die Flugbegleiter einen freien Blick nach draußen haben. Die Tische müssen nach oben geklappt werden, damit sie bei einer eventuellen starken Bremsung nicht gefährlich für die Fluggäste werden. Diese Ansage gehört auch standardmäßig zu jedem Flug.

Wenn im Reiseflug von der Crew im Cockpit die Anschnallzeichen angestellt werden, macht der

Kabinenchef (auch → Purser genannt) auch eine Ansage an die Fluggäste, dass sie sich auf ihre Sitzplätze begeben und sich anschnallen müssen. Dies kann durchaus auch vorkommen, wenn noch gar keine Turbulenzen zu verspüren sind. Es kann nämlich sein, dass ein voraus fliegendes Flugzeug turbulente Luftzonen gemeldet hat und das Cockpit schaltet dann präventiv die Anschnallzeichen ein. Entweder wird es dann wackelig, oder die Winde haben in der Zwischenzeit gedreht und die Anschnallzeichen gehen wieder aus, ohne dass etwas spürbar wurde.

Wenn es zu unerwarteten und stärkeren Turbulenzen kommt, meldet sich das Cockpit mit einem (standardisierten) Kommando als Ansage an die Crew: „Cabin Crew, please be seated" (Flugbegleiter bitte setzen) oder eine ähnliche Ansage. Die Kommandos variieren ein wenig je nach Airline, aber sie werden immer auf Englisch gemacht. Kommt dieses Kommando, müssen wir Flugbegleiter zügig alles verstauen, was in den Küchen und Gängen herumsteht und wir müssen uns hinsetzen. Die Cockpit-Crew schaltet natürlich die Anschnallzeichen an.

Das bedeutet allerdings nicht, dass Gefahr für das Flugzeug besteht. Die Piloten sind weiterhin tiefenentspannt, auch wenn es stark wackelt. So wie die Flugbegleiter für das Wohl und die Sicherheit der Fluggäste zuständig sind, sind es die Piloten für die Gäste und die Crew. Die Piloten sitzen sicher in ihren Cockpit-Sitzen und wollen natürlich auch, dass die Fluggäste und Crew sicher angeschnallt sind, wenn es zu Turbulenzen kommt. Einfach damit sich niemand im Flugzeug verletzt.

Manch ein Fluggast bekommt Angst, wenn er oder sie die kurzen, englischen Ansagen aus dem Cockpit hört. Dabei gehören sie zum Flieger-Alltag, genauso wie turbulente Luftzonen.

In den meisten Fällen telefoniert der Kabinenchef mit dem → Cockpit und fragt, wie lange mit den Turbulenzen zu rechnen sei und leitet diese Info an die Crew-Mitglieder weiter. Wir Flugbegleiter sitzen dann nicht unbedingt auf den Sitzen, die wir zu Start und Landung einnehmen (müssen), sondern wir dürfen uns auf den nächstgelegenen (freien) Flugbegleiter-Sitz setzen. Bei ganz starken Turbulenzen könnten wir uns auch auf einem freien Fluggast-Sitz anschnallen.

Zum Einsteigen, zum Start und zur Landung muss auf großen Flugzeugen an jeder Flugzeugtür ein Flugbegleiter sitzen. Auf kleineren Flugzeugen reicht auch ein Flugbegleiter für ein gegenüberliegendes Türenpaar. Das ist so, damit bei einer (sehr unwahrscheinlichen) Evakuierung des Flugzeugs die Flugbegleiter die Türen situationsabhängig schnell öffnen oder ggf. auch sperren können. Du wirst also beim → Einsteigevorgang immer mindestens einen Flugbegleiter in der Nähe eines → Notausganges finden. Das hat damit zu tun, dass es selbst beim Einsteigevorgang am Boden zu Situationen kommen kann, in welchen die Fluggäste das Flugzeug schnell verlassen sollen - aber keine Sorge, so etwas kommt sehr selten vor. Ich habe das noch nie erlebt und kenne auch keinen Kollegen, der eine → Evakuierung durchführen musste. Aber für den Fall der Fälle sind die Flugbegleiter am richtigen Ort zur Stelle (Notausgang) und immer mental auf alles vorbereitet.

Viele Flugängstler würden sich wünschen, dass die Piloten eine Ansage bei Turbulenzen machen. Das geschieht nicht immer, weil manchmal der Kabinenchef die Ansage macht, dass sich alle Gäste zu ihren Sitzen zurückbegeben und sich anschnallen sollen.

Da die Piloten und Flugbegleiter wissen, dass Turbulenzen die Flugsicherheit nicht einschränken, wird nur diese Ansage gemacht. Ich glaube, dass den meisten Crewmitgliedern gar nicht bewusst ist, wie schlimm die Angst bei manchen Fluggästen bei stärkerem Geruckel werden kann.

Gerade die Piloten sind bei Turbulenzen tiefenentspannt, da sie da vorne angeschnallt im Cockpit sitzen und nichts schnell wegräumen müssen, wie wir Flugbegleiter. Flugbegleiter haben sicherlich keine Todesangst bei Turbulenzen, aber wirken gegebenenfalls angespannt, weil wir Servicewagen wegräumen müssen und uns dann erst anschnallen können, sobald alles verstaut ist. Bitte interpretiere unseren ernsten Gesichtsausdruck dann nicht falsch - es geht uns in so einem Moment einfach nur um den Schutz der Gäste und uns selbst innerhalb des Flugzeugs.

Ich selbst bin in Social Media Plattformen in vielen Flieger-Gruppen unterwegs und versuche die Kollegen (noch mehr) für das Thema Flugangst zu sensibilisieren, damit auch bei Turbulenzen vielleicht zukünftig Ansagen gemacht werden, die die Fluggäste beruhigen.

9. Wie fühlen sich Turbulenzen an?

Wir unterscheiden, wie sich Turbulenzen im Flugzeug für den Körper und für die Psyche der Fluggäste anfühlen.

Körperlich fühlt es sich ungefähr so an wie das Wackeln eines ICE Zuges, der aus dem Bahnhof über eine Weiche fährt. Es ruckelt nach rechts und links, aber im Flugzeug kann es auch mal nach oben oder unten gehen. Also könnte man es auch damit vergleichen, dass es sich anfühlt, als ob man mit einem Auto mit schneller Geschwindigkeit über einen Ackerweg fährt. Das ist übrigens auch eine gute Methode, um sich zu beruhigen, indem man sich die Fahrt über einen Ackerweg bei Turbulenzen vorstellt.

Manchmal ist das Gewackel fast rhythmisch, manchmal kommen nur vereinzelte Ruckler auf und manchmal fühlt es sich ein wenig schwankend an.

Hast du schon mal stärkere Turbulenzen erlebt oder sie im Fernsehen oder im Internet gesehen? (Ich schlage dir aber vor, dir das nicht anzuschauen, denn es wirkt beängstigend.) Selbst solche Turbulenzen, die die Fluggäste zum Schreien bringen, führen zu keinem gefährlichen Kontrollverlust der Maschine.

Interessanterweise habe ich schon sehr oft beobachtet, dass Babys und kleine Kinder bei länger anhaltendem Gewackel ziemlich schnell einschlafen - weil sie dieses Gefühl noch aus dem Mutterbauch kennen. Sie haben keine Angst, sondern werden eher beruhigt.

Denn hier ist auch der springende Punkt: Flugangst ist eine „erlernte" Angst. Wir merken uns schreckliche Flugunglücksberichte und überdramatisierte Zeitungs-Titel. Unglücke in der Luftfahrt kommen so selten vor, dass sich die Presse wie Geier auf das Unglück schmeißt. Sie schreiben dramatische Überschriften, zeigen angsteinflößende Bilder und hoffen dadurch auf mehr Leser und Klicks. Autobahnunfälle würden es höchstens in die lokalen News schaffen, aber selbst dort würde es dieser Unfall bestimmt nicht auf die Titelseite schaffen. Außerdem fühlen sich viele Gäste „ausgeliefert", erleben eine Art Kontrollverlust und steigern sich vielleicht in die Angst, da sie andere verunsicherte Fluggäste sehen und gegebenenfalls hören.

Die Erinnerung an Flugunfälle, die man mal in der Presse aufgeschnappt hat und der Glaube, dass Turbulenzen das Flugzeug vom Himmel holen könnten, machen Flugangst-Betroffenen und auch „normalen" Fluggästen Angst - obwohl es keinen echten Grund zur Beunruhigung gibt.

Durch das „Unwissen" tritt bei vielen Menschen auf der emotionalen Ebene Angst auf, da sie denken, dass sie selbst und bestimmt auch die Crew keine Kontrolle über die Situation haben.

Da diese Angst und Sorge aber erlernt ist, kann man sie prinzipiell auch wieder verlernen. Denn selbst ich habe mich bei Turbulenzen im Flugzeug auch nicht wohl gefühlt, bevor ich Flugbegleiterin wurde.

Ich schaute damals (wie viele Flugangst-Betroffene) nach den Flugbegleitern, um ihre Mimik und Gestik zu lesen und schaute, ob das Wackeln Gefahr bedeutete. Ich wusste allerdings nicht, dass Turbulenzen dem Flugzeug und der Sicherheit nichts antun können und interpretierte die ernsteren Gesichter als gefährliche Situation. Klar, woher sollte ich auch wissen, dass die Flugbegleiter einfach nur nicht wollten, dass sich der schwere Service-Wagen selbstständig macht und gegebenenfalls umkippt und die Gäste oder Crew verletzt?

Durch die ernsteren Gesichtsausdrücke der Flugbegleiter und dass diese den Service eingestellten, hatte sich meine (falsche) Vermutung bestätigt: Turbulenzen sind gefährlich, wenn sie zu heftig werden. Das habe ich allerdings komplett falsch gefolgert und war deshalb bei Gewackel ziemlich angespannt.

Glücklicherweise ist es nie so weit gekommen, dass ich wirklich Flugangst entwickelt habe - ansonsten wäre ich ja nie Flugbegleiterin geworden und würde auch diesen Ratgeber nicht schreiben.

Ich lernte in meiner Flugbegleiterausbildung ziemlich schnell, was die echten Gefahren für Flugzeuge sind, und dazu gehören nicht Turbulenzen.

Feuer an Bord, gefährliche Gegenstände in der Kabine, → Druckverlust und solche Dinge sind Szenarien, die zwar extrem selten vorkommen, aber trotz dessen von den Piloten und Flugbegleitern ständig geübt werden - weil das ernstzunehmende Gefahren wären. (Mir ist noch nie eins dieser Dinge passiert und ich kenne auch keinen Kollegen, der mal etwas in die Richtung erlebt hatte.)

Diese Situationen zähle ich nur auf, um zu unterstreichen, dass Turbulenzen keineswegs zu den Gefahren für Flugzeuge zählen. Ganz im Gegenteil, sie gehören zur Fliegerei dazu, wie das Wackeln eines Zuges, Autos oder Bootes.

Da in der Fliegerei aber nichts dem Zufall überlassen wird, sind die Piloten und Flugbegleiter für jeden erdenklichen Umstand inner- und außerhalb der Kabine ausgebildet und die Prozeduren werden ständig trainiert und vor jedem Flug in dem sogenannten → Briefing (Flug-Besprechung) durchgesprochen. Dazu kommen noch die (halb-)jährlichen Trainings in Simulatoren.

10. Wie wirken sich Turbulenzen aus?

Fluggäste

Schau dich mal in der Kabine um, wenn das Flugzeug ein wenig wackelt. Damit meine ich, dass der Inhalt deines Getränks ein wenig in Bewegung gerät. Die Flugbegleiter gehen fröhlich ihrer Arbeit nach, manche Gäste lesen, schlafen oder schauen Filme.

Bist du auf einer Strecke unterwegs, auf welcher viele Geschäftsreisende sind (beispielsweise Frankfurt - Berlin), wirst du auch feststellen können, dass dort viele Vielflieger sind, die sich davon überhaupt nicht beeindrucken lassen. Sie arbeiten normal an ihren Laptops weiter oder lesen Zeitung.

Touristische Strecken, wie zum Beispiel Mallorca, werden eher von Menschen geflogen, die nur ein- bis zweimal im Jahr in den Urlaub fliegen und deshalb aus mangelnder Routine vielleicht auch etwas unsicherer sind.

Wackelt es etwas doller, haben „ungeübte Fluggäste" vielleicht etwas mehr Angst, während Vielflieger nur ihren Laptop ausschalten und das Gewackel einfach hinnehmen - sie haben es ja auch schon oft erlebt. (Es gibt allerdings auch Vielflieger mit Flugangst, da diese wie gesagt irrational ist.)

Solange du angeschnallt auf deinem Sitz verbleibst, können Turbulenzen nur folgende Konsequenzen für dich als Fluggast haben:

- Die Flugangst kommt (unbegründeterweise) auf
- Dir wird vielleicht etwas schlecht, wenn du dazu neigst
- Du bekommst ggf. keinen Service von den Flugbegleitern
  Vielleicht verlängert sich die Flugzeit minimal, falls die Piloten den turbulenten Luftraum umfliegen oder Warteschleifen (→ Holding) am Flughafen fliegen müssen

Mehr Auswirkungen haben Turbulenzen auf angeschnallte Fluggäste einfach nicht - auch wenn sie noch so stark sind.

Piloten

Wenn du glauben solltest, dass die Piloten im Cockpit bei Turbulenzen panisch auf ihren Knöpfen rumdrücken, liegst du ziemlich daneben.

Die Piloten drücken den Anschnallzeichen-Knopf und passen gegebenenfalls die Flugroute und Flughöhe ein wenig an.

Sie geben anderen Flugzeugen in der Nähe Bescheid, dass in diesem Luftraum Turbulenzen zu erwarten sind und passen gegebenenfalls die Fluggeschwindigkeit etwas an.

Das Einzige, auf was die Cockpit-Crew in diesem Moment vielleicht verzichten muss, ist Essen und Trinken, damit nichts verschüttet wird.

Ansonsten haben Turbulenzen keinerlei Auswirkungen auf die Piloten und deren Stresslevel. Piloten von Frachtflugzeugen fliegen weiter durch turbulente Lufträume, wenn sie auf dem Weg liegen, und das Gewackel stört sie überhaupt nicht - dank ihres 5-Punkt-Gurts sitzen sie sicher in den Cockpit-Sitzen.

Flugbegleiter

Wenn es zu sehr wackelt, um uneingeschränkt den Service an Bord durchführen zu können, stellen entweder die Piloten die Anschnallzeichen an, oder die Flugbegleiter rufen im Cockpit via → Interphone (das interne Telefonsystem im Flugzeug) an und bitten um das Einschalten der Anschnallzeichen.

Da das Flugzeug hinten meist viel mehr wackelt als vorne, spüren die Piloten die Turbulenzen vorne gar nicht so sehr und deshalb rufen wir Flugbegleiter sie manchmal an. Die Anschnallzeichen gelten grundsätzlich für alle Menschen in der Kabine - auch der Crew. Allerdings gibt es manchmal Absprachen mit den Cockpit-Crew, dass die Kabinen-Crew weiterhin in der Kabine unterwegs sein darf, die Gäste aber sitzen müssen.

Sobald ich Schwierigkeiten habe, den heißen Kaffee ohne Kleckern in die Becher zu füllen, ziehe ich meinen Service-Wagen aus dem Gang und warte, bis es weniger wackelt.

Meine zwei peinlichsten Situationen im Flugzeug hatten nämlich mit Turbulenzen zu tun: Das eine Mal landete aus meiner Hand Tomatensaft auf dem weißen Hemd eines

Gastes in der Business-Class und das andere Mal musste eine Frau in Sekt duschen, der von meinem Service-Wagen herunterfiel. Die Sektflasche knallte auf den Boden und es schoss eine Fontäne Richtung Kabinendecke, die dann wiederum auf die Dame herunter regnete. Zum Glück nahmen sie und die anderen betroffenen Personen die Situation mit Humor - ich wäre vor Scham fast im Flugzeug-Boden versunken. Der Dame habe ich am Ende noch eine (geschlossene) Flasche guten Winzersekt aus der Business-Class geschenkt.

Ist es also zu wackelig zum Servieren, setzen wir uns auf die Flugbegleiter-Sitze in der Bordküche und quatschen oder lesen Magazine. Wir warten einfach ab, bis es wieder ruhiger wird.

Ansonsten gibt es keine Auswirkungen von Turbulenzen auf Flugbegleiter, wenn wir uns zeitnah setzen und uns keine plötzliche Turbulenz aus den Schuhen haut. Verletzt habe ich mich glücklicherweise wegen Turbulenzen noch nie ernsthaft - höchstens mal ein paar blaue Flecken am Schienbein.

Flugzeuge

Das einzige, was du bei stärkeren Turbulenzen bei Flugzeugen beobachten kannst, ist, dass sich die Tragflächen leicht dehnen können. Das ist allerdings auch so gewollt!

Durch die flexible Bauweise der Tragflächen werden Turbulenzen durch die Tragflächen teilweise ausgeglichen.

Ansonsten tun selbst starke Turbulenzen dem Flugzeug nichts an - sie sind so gebaut, dass sie Kräfte aushalten können, die weitaus größer sind, als Turbulenzen sie je erbringen könnten.

Also brauchst du dir keinerlei Sorgen machen: Turbulenzen haben keinerlei Auswirkungen auf das Flugzeug und die Fähigkeit, weiter zu fliegen.

Nur bei der Landung können starke Windscherungen Einfluss auf den Landeanflug haben. Ist das Landemanöver durch Windböen zu riskant, entscheiden die Piloten, die Landung abzubrechen, erhöhen den Schub der Triebwerke, ziehen die Nase des Fliegers wieder in die Luft (→ Durchstarten) und fliegen noch ein Runde. Sie landen dann vielleicht auf einer anderen Landebahn oder auch mal an einem anderen Flughafen, wo die Winde etwas günstiger sind.

Ich bin auch schon mal anstatt in Frankfurt in Köln-Bonn gelandet, weil das Wetter um den Frankfurter Flughafen zu unbeständig war. Es kommt vor, ist aber überhaupt nichts Besorgniserregendes und dient nur der Sicherheit.

Die Lage der Start- und Landebahnen wird beim Bau des Flughafens übrigens den lokalen Windverhältnissen angepasst. Gestartet und gelandet wird immer gegen den Wind, um beim Start den größtmöglichen Auftrieb und beim Landen den Gegenwind als Bremsfaktor zu haben.

11. Wann ist die Wahrscheinlichkeit für Turbulenzen erhöht?

Dass es im Flugzeug während des Reiseflugs oder bei Start und Landung zu Gewackel kommen kann, ist zu jeder Jahres- und Tageszeit und bei jedem Wetter möglich. Ein wenig Gewackel ist eigentlich immer zu erwarten.

Thermische Turbulenzen kommen tendenziell eher im Sommer vor, da die Kraft der Sonne stärker ist und den Boden und so die Luft stärker aufheizen kann als in kälteren Jahreszeiten. Im Sommer ist die Temperatur zwischen 17 und 18 Uhr am höchsten. So kann es sein, dass um diese Uhrzeit die Tendenz zu Wackeleien höher ist. Gewitter kommen im Sommer auch öfter vor. Es ist aber wie gesagt nur eine Tendenz und keine Garantie. Es kann auch ein ganz ruhiger und wackelfreier Flug werden.

Orographische (ortsabhängige) Turbulenzen kommen eher bei Start und Landung bei Flughäfen vor, die grundsätzlich windiger sind, oder bei einer Umgebung mit Bergen, welche die Winde verwirbeln. So ist Gewackel im bergigen Innsbruck eher zu erwarten als im flachen Berlin, da die Winde von den Bergen verwirbelt werden.

Da beim Start und bei der Landung ein Flugzeug noch nicht auf seiner Reiseflughöhe ist, sind in diesen Phasen Turbulenzen wahrscheinlicher, weil es weiter unten tendenziell mehr wackelt, als oben auf Reiseflughöhe.

Auf ganz kurzen Strecken ist auch eher mit Gewackel zu rechnen, da die Flugzeuge tiefer fliegen als auf längeren Flügen. Tieferes Fliegen erhöht die Chancen auf thermische und ortsabhängige Turbulenzen.

Beim Durchfliegen von Wolken kann es durch die veränderte Zusammensetzung der Luft auch wackeln, muss es aber nicht.

Über dem Meer ist tendenziell weniger Gewackel zu erwarten, da es eine glatte Oberfläche ist und so kaum Windverwirbelungen entstehen und weil das Meer kühler ist als Land. Somit sind über dem Meer keine thermischen Turbulenzen zu erwarten.

Generell kann man sagen, dass es eher in der Startphase und im Landeanflug zu Gewackel kommt.

12. Warum Turbulenzen Flugzeugen nichts antun

Die meisten Menschen fragen sich, wie ein tonnenschweres Flugzeug in der Luft bleiben kann, ohne einfach herunterzufallen.

Dazu vorab: Flugzeug fallen niemals vom Himmel wie ein Stein aus einer Hand. Selbst bei einem extrem unwahrscheinlichen Fall von einem kompletten Triebwerksausfall können Flugzeuge noch viele (teilweise hunderte) Kilometer gleiten.

Luft ist zwar durchsichtig, aber noch lange nicht inhaltslos. Hast du mal die Hand aus einem schnell fahrendem Auto gehalten und gemerkt, wie stark der Fahrtwind gegen deine Hand gedrückt hat?

Man sagt, dass Luft bei ca. 80 km/h so einen Widerstand hat wie Wasser - und im Wasser braucht man auch Kraft, um seine Handflächen zur Seite oder nach oben oder unten zu bewegen. Dinge sinken im Wasser ganz langsam.

Bei 250 km/h ist die Luft vergleichbar mit der Konsistenz eines Wackelpuddings. Stelle dir nun vor, dass das Flugzeug in einem riesigen Wackelpudding steckt und dieser geschüttelt wird (Turbulenzen). Das Flugzeug ruckelt, wird aber von der Dichte des Wackelpuddings gehalten.

Flugzeuge fliegen auf Reiseflughöhe bis zu 1000 Kilometer pro Stunde - also kannst du dir vorstellen, welche Kraft die Luft bei dieser Geschwindigkeit hat, das Flugzeug zu halten, selbst wenn es mal ruckelt und wackelt - die Luft hält das Flugzeug bei knapp 1000 km/h oben wie ein Betonuntergrund.

Die Tragflächen sind flexibel gebaut und können sich mehrere Meter nach oben oder unten dehnen. Das ist gewollt und dient dazu, dass sich am Flugzeug nichts verbiegen oder brechen kann. Vergleiche es damit: Lässt du ein (starres) Glas fallen, zerbricht es am Boden. Machst du dasselbe mit einem flexiblen Radiergummi, passiert: nichts. Der Gummi verformt sich leicht und geht dann sofort wieder in die ursprüngliche Form zurück.

Ein neues Flugzeugmuster muss erst zertifiziert werden, es wird auf Herz und Nieren getestet und geprüft: Jeder

Computer, die Flügel, jedes Bauteil werden mehrfach größeren Belastungen ausgesetzt als später überhaupt möglich sein werden. Nur wenn diese Torturen bestanden werden, dürfen die Flugzeuge gebaut und ausgeliefert werden.

13. Was tun bei Turbulenzen?

Generell gesagt: Solange du angeschnallt bist und um dich herum Gepäck und Gegenstände gut verstaut sind, bist du auf der sicheren Seite.

Die größte Gefahr bei Turbulenzen sind Verletzungen durch herumfliegenden Krempel und die Verletzungsgefahr, wenn man nicht angeschnallt ist.

Für Toilettengänge, wenn die Anschnallzeichen aus sind, kannst du dich natürlich abschnallen und dich vom Platz entfernen. Auf Langstreckenflügen kannst du auch mal aufstehen, um dir die Beine zu vertreten.

Denk an das Flugzeug im Wackelpudding und sprich gedanklich immer wieder den Satz: „Turbulenzen sind nicht gefährlich!"

Falls die Angst doch immer größer werden sollte, drück den Flugbegleiter-Knopf und lass dir von der Crew helfen. Wir kennen uns damit aus und helfen dir, eine sich anbahnende Panikattacke zu vermeiden.

Du könntest auch schon beim Einsteigen der Crew Bescheid geben, dass du an Flugangst leidest. Falls du dich nicht trauen solltest, die Crew anzusprechen, gib ihnen doch einfach einen Zettel beim Einsteigen in die Hand:

„Hallo liebe Crew,

hiermit möchte ich Ihnen mitteilen, dass ich an Flugangst leide. Ich sitze auf Platz XY und würde mich freuen, wenn Sie ein Auge auf mich werfen könnten.

Vielen Dank,

Max Mustermann"

„Dear Crew Member,

I would like to inform you that I am scared of flying. My seat number is XY and I would be happy if you could take care of me.

Thanks a lot,

Max Mustermann"

Übrigens: Wenn die Piloten die Anschnallzeichen wegen Turbulenzen einschalten, machen sie selbst keine Ansage für die Fluggäste. Die Kommunikation liegt dann beim Kabinenchef. Dieser bittet dann die Gäste, zu ihren

Plätzen zurückzukehren und sich anzuschnallen. Die Piloten sitzen weiterhin entspannt in ihren Cockpit-Sitzen und informieren den Kabinenchef über die erwartete Dauer der Turbulenzen. Nicht weil es gefährlich für die Flugsicherheit ist, sondern weil es die Aufgabe der Flugbegleiter ist, die Fluggäste zu informieren und sich selbst gegebenenfalls hinzusetzen.

Die Damen und Herren im Cockpit bleiben davon total unbeeinträchtigt.

Versuch, dich so gut es geht abzulenken, indem du dich unterhältst, Atemübungen machst, schöne Musik hörst, oder die Tipps zur Beruhigung anwendest, die ich dir später noch zur Hand gebe.

14. Wie Jetstreams in der Fliegerei genutzt werden

Was sind Jetstreams und wie entstehen sie?

→ Jetstreams sind konstant existierende Starkwindbänder, welche mehrere hundert Kilometer breit sein und sich komplett um die Weltkugel wickeln können. Sie entstehen dort, wo verschiedene Luftmassen (beispielsweise kontinentale und tropische Luftmassen) aufeinander treffen.

Jetstreams werden auch Strahlströme genannt und zischen mit 150 bis 450 km/h oder mehr um den Globus. Es gibt insgesamt 4 typische Jetstreams (Polar-, Subtropen-, Tropical Easterly- und Innertropische Konvergenzzone, von denen sich jeweils 2 auf der Nord- und Südhalbkugel der Erde befinden, welche sich wegen der Erdrotation hauptsächlich von Westen nach Osten bewegen.

Es entstehen aber auch kleinere Jetstreams über Wetterfronten, die sich in Wellenform zum Beispiel über Europa bewegen.

Jetstreams sind die stärksten natürlichen Winde, die es gibt und sie üben auch einen Einfluss auf das Wetter aus.

Die Nutzung von Jetstreams im Flugbetrieb

Im Flugbetrieb sind der Polarfront-Jetstream und der Subtropenjetstream der Nordhalbkugel von Bedeutung. Da Wind und Wetter heute sehr verlässlich vorausgesagt werden können, werden sie bei der Erstellung von Flugplänen mit einberechnet. So bist du auf dem Flug von den USA nach Europa schneller unterwegs als Richtung Westen, da Flugzeuge den Rückenwind der Jetstreams nutzen (oder eben den Gegenwind meiden).

Wenn ein Flugzeug den Jetstream als Rückenwind nutzt, addiert sich die Windgeschwindigkeit zur Geschwindigkeit des Flugzeugs. Fliegt es jedoch entgegen dem Jetstream, verringert sich die Fluggeschwindigkeit über Grund.

Aber warum erkläre ich dir überhaupt die Existenz von Jetstreams im Zusammenhang mit Turbulenzen?

Da ein großer Geschwindigkeitsunterschied zwischen dem Jetstream und der umliegenden Luft besteht, kann es im Randbereich der Strahlströme zu Klarluftturbulenzen kommen (→ Kapitel 6), die auch nicht auf dem Wetterradar zu erkennen sind. Das heißt jedoch nicht, dass es zwangsläufig zu Turbulenzen kommen muss.

Ich bin schon unzählige Male von den USA zurück nach Europa mit dem Polar-Jetstream geflogen und habe oft kaum bis kein Gewackel gehabt.

Vor jedem Flug machen sich die Piloten mit den sogenannten „Significant Weather Charts" (Wetterkarten) vertraut, welche die aktuelle Lage, Ausdehnung und Stärke der Jetstreams wiedergeben und Prognosen zu Turbulenzen angeben.

So kann es sein, dass du im Flugzeug eine Ansage zu hören bekommst, dass mit Turbulenzen gerechnet wird, aber letztendlich bleibt der komplette Flug ruhig, weil es eben nur Prognosen sind.

sichergestellt, dass die Piloten diese Daten erhalten, selbst wenn mal einer dieser Computer ausfallen sollte.

Der Wetterradar des Flugzeugs kann nicht nur erkennen, wo sich Regentropfen und solches befinden, sondern gibt den Piloten genaue Informationen über die Bewegungen, Intensität und mögliche Turbulenzen. Die Daten erhalten alle vier bis zehn Sekunden ein Update. So wissen die Piloten genau, wie sich das Wetter aktuell um das Flugzeug herum verändert und entwickelt.

Der hochmoderne Wetterradar macht unter anderem das Flugzeug zu dem sichersten Reisemittel der Welt. Darüber hinaus sind Piloten extrem gut in Wetterkunde ausgebildet.

16. Gewitter, Sturm und Schnee

Gewitter und Quellwolken

Es gibt eine Form der Wolken, die von Piloten immer umflogen werden: größere Quell- und Gewitterwolken, Cumulus und Cumulonimbus genannt. Innerhalb dieser Wolken steigt warme Luft mitsamt der Wassertröpfchen hoch, erkaltet oder gefriert und sinkt wieder Richtung Boden, oft bilden sich sogar Hagel und Blitze. Somit herrscht in diesen Wolken viel Bewegung und mittlere bis starke Turbulenzen treten dort mit Sicherheit auf.

Du kennst Quellwolken bestimmt - sie ähneln der Form eines Pilzes. Cumuluswolken entstehen häufig an warmen Tagen mit viel Luftfeuchtigkeit. Da die Cumulus- und Cumulonimbus-Wolken extrem viel Feuchtigkeit in sich tragen, sehen die Piloten diese Wolkenbildungen nicht nur durch die Cockpit-Fenster, sondern auch auf ihrem Wetterradar und umfliegen sie großzügig.

Durch den Wetterradar wissen die Piloten auch bei Nachtflügen, wo sich Cumuluswolken befinden. Kommt es zu einer plötzlichen Bildung einer kompletten Front an Gewitterwolken auf dem Weg zum Zielflughafen, werden die Piloten zur Sicherheit auf einem anderen Flughafen landen.

Gewitter werden jedoch von allen Flugzeugen weiträumig vermieden, durch kleine Quellwolken muss man manchmal hindurch fliegen.

Blitze können auch durch klare Luft aus den Wolken zum Boden oder von Wolke zu Wolke zucken. Ich selbst habe an Bord schon einen Blitzeinschlag erlebt. Außer, dass es kurz laut knallt und sehr hell ist, passiert gar nichts. Denn ein Flugzeug ist als faradayscher Käfig gebaut und elektrische Ladung von außen kann nicht ins Innere des Flugzeuges gelangen – also sind Blitzeinschläge ungefährlich für die Fluggäste und das Flugzeug. Dies gilt übrigens auch für Autos.

Nach der Landung wird allerdings nach der Eintritts- und Austrittsstelle des Blitzes gesucht, da es durch die hohen Temperaturen zu kleinen lokalen Schäden kommen kann. Laut der amerikanischen Flugsicherheitsbehörde → FAA

(Federal Aviation Administration) wird ein Flugzeug im Schnitt einmal im Jahr von einem Blitz getroffen.

Sturm

Bei starken Stürmen verspäten sich viele Abflüge oder werden sogar gestrichen. Das hat damit zu tun, dass bei starken Winden die Flugzeuge im Luftraum um den Flughafen größeren (zeitlichen) Abstand halten müssen und somit kein normaler Flugverkehr herrschen kann.

Landungen können wegen Sturm holprig werden (→ Kapitel 6) und ein → Durchstarten kann wegen Scherwinden wahrscheinlicher werden.

Hast du dich mal gefragt, ab welcher Windstärke Flugzeuge nicht mehr starten?

Natürlich hängt dies von der Größe des Flugzeugs ab, aber ab 60 Knoten (ca. 110 km/h) startet kein Flugzeug mehr. Das jedoch nicht, weil das Flugzeug dann nicht mehr fliegen könnte, sondern weil man die Türen am Boden dann nicht mehr öffnen darf. Flugzeugtüren sind nämlich ziemlich dick und schwer. Wenn diese durch Starkwind plötzlich zugedrückt werden und jemand dazwischen stehen sollte, wäre das eine große Verletzungsgefahr.

Schnee und Kälte

Der Winter kommt jedes Jahr und ist nichts Besonderes für die Fliegerei. Flugzeuge sind sogar für tiefe Temperaturen gebaut, da auf zehn Kilometern Höhe ca. minus 60 Grad herrschen – von daher „mögen" Flugzeuge eine kalte Umgebung.

Steht ein Flugzeug bei Kälte längere Zeit am Boden oder schneit es, wird es durch eine Mischung aus heißem Wasser und Glykol enteist, bevor es sich in Bewegung setzt. Dies einerseits, damit die Luft ungestört über die Tragflächen gleiten und Auftrieb erzeugen kann und andererseits, damit das Flugzeug durch Schnee und Eis nicht schwerer wird als berechnet.

Ist das Flugzeug erst einmal in der Luft, kann Eis nur noch an der Vorderseite der Flügel und Triebwerke ansetzen - diese sogenannten Eintrittskanten können daher beheizt werden. Oben in Reiseflughöhe braucht man sich keine Gedanken um Eisbildung zu machen, da die Luft dort oben sehr trocken ist.

Schnee bedeutet oft auch Fluggannullierungen, da die Start- und Landebahnen regelmäßig von Schnee und Eis befreit werden müssen. Dafür werden sie bis zu 45 Minuten lang

15. Wie funktioniert der Wetterradar im Flugzeug?

Das Wetter spielt eine große Rolle bei den Flugvorbereitungen der Piloten und beim Fliegen. Somit sind Flugzeuge mit Wetterradaren ausgestattet, die sich meist vorne in der Nase des Fliegers befinden.

Tagsüber können die Piloten mit bloßem (geschultem) Auge erkennen, welche Wolkenbildungen, bzw. Gewitterzellen sie umfliegen sollten, um Turbulenzen zu vermeiden. Darüber hinaus wird die Cockpit-Crew permanent mit neuesten Wetter-Informationen von Bodenstationen und in der Nähe fliegenden Flugzeugen gespeist. Somit ist das Fliegen in der Nacht und bei schlechter Sicht in Hinblick auf das Wetter überhaupt kein Problem.

Der Wetterradar strahlt Mikrowellen aus, die von Regen, Schnee, Hagel und Gegenständen reflektiert werden. Der Radarschirm fängt die Reflektionen wieder auf und leitet die Daten an zwei verschiedene Computer weiter. So ist gesperrt, während die riesigen Räumungsfahrzeuge ihre Arbeit verrichten. So können nicht mehr gleich viele Flugzeuge an diesem Tag starten und landen, einige Flüge müssen daher gestrichen werden.

Aber auch Schnee ist für den Flugbetrieb nichts Neues und kein Grund zur Besorgnis. Das „Schlimmste", was dir passieren kann, ist, dass dein Flug gestrichen wird oder starke Verspätung hat.

17. Training von Piloten und Flugbegleitern

Piloten gehen in regelmäßigen Abständen in Flugzeugsimulatoren, um seltene und potenziell gefährliche Situationen zu üben. Wenn die Piloten in diesen Tests falsch reagieren oder unter Stress geraten, müssen sie nachgeschult werden. Außerdem werden Piloten auch regelmäßig während echter Passagierflüge von sogenannten Check-Piloten überprüft - und das bis zu ihrem Renteneintritt. Das bedeutet, dass ein Pilot immer wieder trainiert und auf den neuesten Wissensstand gebracht wird.

Das → LBA (Luftfahrt Bundesamt) schreibt vor, dass Piloten mindestens einmal im Jahr eine Prüfung im Simulator bestehen und damit ihre Fähigkeiten unter Beweis stellen müssen, um so ihre Lizenz zu erhalten. Die Airlines müssen ihre Piloten noch ein zweites Mal pro Jahr im Simulator einer internen Prüfung unterziehen. Das Cockpit im Simulator wird übrigens mit originalen

Flugzeugteile gebaut, sodass die Trainings möglichst nah an der Realität stattfinden können.

Nach ihrer theoretischen Ausbildung auf einem neuen Flugzeugmuster und nach Ausbildung und Prüfung im Simulator üben die Piloten vieler Airlines Starts und Landungen im Flugzeug. Dafür werden auf einem kleinen Flughafen mit wenig Flugbetrieb und ohne Gäste Platzrunden mit möglichst vielen Starts und Landungen geflogen. So sind die Piloten fit, das Flugzeug im realen Umfeld und mit Gästen sicher zu starten, fliegen und landen.

Flugbegleiter müssen jährlich beweisen, dass sie die festgeschriebenen Prozeduren bei Rauch und Feuer, Druckabfall, Umgang mit gefährlichen Gegenständen und noch viel mehr beherrschen und umsetzen können. Dafür gehen Flugbegleiter auch in Flugzeugsimulatoren, die das Innere einer Flugzeugkabine darstellen.

Meine Fluggesellschaft hat eine große Halle mit Simulatoren für alle Flugzeugmuster, die die Airline in Betrieb hat. Einige davon simulieren sogar den Start, indem sie sich beim simulierten Abheben vorne nach oben heben. Die Flugzeugfenster sind mit Monitoren ausgestattet, sodass auch die Umgebung simuliert werden kann. Selbst das Löschen von echtem Feuer wird von Flugbegleitern am Boden in speziellen Trainings-Containern regelmäßig geübt.

Auf den Simulatoren werden die zuvor genannten Gefahren-Situationen durchgespielt und die korrekte Durchführung von Flugzeug-Evakuierungen geübt und getestet.

Falls ein Flugbegleiter in diesen Tests falsch reagiert oder die festgelegten Kommandos oder Prozeduren nicht beherrscht, würde das betreffende Crewmitglied die Teamleiter-Etage besuchen müssen und nachgeschult werden.

Aber da wir Flugbegleiter unseren Job ernst nehmen und potenziell gefährliche Situationen vor jedem einzelnen Flug besprechen, können wir alles aus dem Effeff.

Mich könnte man sicherlich mitten in der Nacht wecken und ich könnte sofort alle Evakuierung-Kommandos rufen, ohne mit der Wimper zu zucken - und so geht es meinen Kollegen natürlich auch.

Flugbegleiter sind aus gesetzlichen Gründen an Bord auf Passagierflügen, und nicht nur, um Kaffee, Tee und Snacks auszuteilen. Es steht international genau festgeschrieben, wie viele Flugbegleiter auf einem Flug mit Passagieren zwingend sein müssen, um die (zwar sehr seltenen und unwahrscheinlichen) Situationen zu bewerkstelligen, oder besser: diese frühzeitig zu erkennen und präventiv handeln zu können. Die minimale Anzahl von Flugbegleitern errechnet sich aus der Anzahl der Fluggäste und der vorhandenen Notausgänge für eventuelle Evakuierungen am Boden.

Neben den ganzen sicherheitsrelevanten Dingen, die das Flugzeug betreffen, sind Flugbegleiter auch bestens in Erster Hilfe und lebenserhaltenden Maßnahmen ausgebildet. Auch wir müssen jedes Jahr unsere Lizenzen dafür erneuern. Wir Flugbegleiter haben feste Prozeduren für medizinische Notfälle an Bord und können Situationen schnell einschätzen, falls es einem Fluggast nicht gut gehen sollte. Natürlich rufen wir in dringenden Fällen einen Arzt aus und assistieren diesem dann in unserem erlaubten Rahmen.

Sollte es schlimm werden, können wir Herzmassagen bis hin zur Reanimierung des erkrankten Fluggastes durchführen. Selbst Geburtshilfe können wir leisten, falls es sein muss.

Du merkst: Flugbegleiter sind für jede mögliche Situation an Bord geschult. Getränke und Snacks verteilen wir nur „nebenbei".

Wichtig: Auch wenn Piloten- und Kabinen-Crew für jede Situation bestens ausgebildet sind und immer über die potenziell gefährlichen Situationen gesprochen wird und Lizenzen ständig erneuert werden müssen, kenne ich keinen Piloten oder Kabinen-Kollegen, der je eine wirklich brenzlige Situation erleben musste.

Meine Fluggesellschaft hat 25.000 Kollegen, die ihr „Büro in der Luft" haben und ich bin auf Social Media in vielen internationalen Airliner-Gruppen. In meinen 11 Jahren als Flugbegleiterin habe ich noch nie von einem Kollegen etwas gehört, was wirklich gefährlich war. Unglücke kenne ich selbst nur aus der Presse - weil sie einfach so extrem selten vorkommen (abgesehen davon, dass die Presse aus vielen ungefährlichen Sicherheitslandungen eine dramatische Notlandung macht).

18. Fluglotsen im Tower und im Kontrollzentrum

Manch ein Fluggast glaubt, dass die Fluglotsen die Flugzeug-Einweiser auf dem Vorfeld mit den Signalkellen oder Floureszenzstäben sind. Diese heißen Flight Line Marshaller (FLM) und haben auch einen wichtigen Job. Sie weisen den Flugzeugen auf dem Vorfeld den Weg zur Parkposition und überwachen auch den korrekten und sicheren Ablauf von anderen Vorfeld-Fahrzeugen, die am Flugzeug andocken (Catering-Fahrzeuge, Betankung etc.)

Die richtigen Fluglotsen (Air Traffic Control Officer - ATCO) sitzen im Tower am Flughafen und auch in verschiedenen Kontrollzentren, welche sich nicht direkt am Flughafen befinden (müssen). Sie sind dafür verantwortlich, dass die Flugzeuge zu jeder Zeit genug Abstand zueinander haben und sorgen für einen sicheren und effizienten Flugbetrieb.

Die Flugverkehrskontrolle wird erbracht als Platzkontrolle (Tower), in den Kontrollzentren als Anflugkontrolle (Terminal Control) und Bezirkskontrolle (Area Control Center – ACC).

Im Tower des jeweiligen Flughafens sitzen Fluglotsen, die sich speziell um die Flugzeuge kümmern, die auf diesem Flughafen starten oder landen wollen. Sie haben Sichtkontakt zu anfliegenden und startenden Maschinen. Sie sorgen für einen reibungslosen Ablauf, indem sie den Piloten die Genehmigung zum Anlassen der Triebwerke erteilen, die Roll- und Starterlaubnis genehmigen und Informationen zum Startverfahren an die Piloten geben. Anfliegende Flugzeuge bringen sie der Reihe nach und mit dem richtigen Abstand sicher zur Landebahn.

Sobald ein Flugzeug die Startfreigabe von dem Fluglotsen im Tower bekommen hat und in der Luft ist, wird die Koordination des Weiterfluges von den Tower-Fluglotsen an die in den Kontrollzentren weitergegeben. Andersherum übergibt das Kontrollzentrum die Koordination landender Maschinen dann erst an die Anflugkontrolle, diese schließlich an den jeweiligen Tower weiter.

Diese Fluglotsen in den Kontrollzentren arbeiten an Radarschirmen, welcher ihnen alle wichtigen Daten anzeigt, die vom Flugzeug mithilfe des Transponders ausgestrahlt werden. Damit kann auch jedes Flugzeug eindeutig identifiziert werden.

Der Radarschirm beinhaltet auch ein Konfliktwarnsystem, welches in akustischer und optischer Form Warnung gibt, wenn erlaubte Abstände unterschritten werden. Das System rechnet und warnt so früh, dass dem Lotsen noch Zeit bleibt, das Problem zu lösen. Kommt es trotzdem zu einer Annäherung zweier Flugzeuge, greift das → TCAS (Kollisionswarnsystem). Jede noch so kleine Unterschreitung des Mindestabstands wird von den Fluglotsen protokolliert und analysiert.

In den Kontrollzentren sitzen Radar- und Koordinationslotsen, die in sehr guter Teamarbeit Flugzeuge sicher von A nach B führen. Der Radarlotse gibt Anweisungen an die Piloten und der Koordinationslotse macht unter anderem die Koordination von Streckenänderungen.

In Deutschland gibt es fünf Flugsicherheits-Kontrollzentren der → DFS (Deutschen Flugsicherung).

In diesen Zentren kontrollieren und koordinieren die Fluglotsen Flugzeuge, die Deutschland überfliegen (Streckenkontrolle) und sie übernehmen die An- und Abflugkontrolle von Flugzeugen, die in Deutschland starten oder landen.

Die Fluglotsen haben eine extrem wichtige Aufgabe und diese benötigt volle Konzentration. Deshalb müssen sie spätestens nach zwei Stunden eine Pause machen und arbeiten auch nie länger als vier Tage hintereinander. Sie bekommen unter anderem regelmäßig Kuren, die die DFS bezahlt und haben überdurchschnittlich viele Urlaubstage. So wird die Konzentration der Fluglotsen sichergestellt.

In ihrer vierjährigen Ausbildung eignen sich die angehenden Fluglotsen unter anderem Wissen über Meteorologie, Navigationslehre, Flugzeugtypenkunde, Luftrecht, Sprechfunkverfahren und Luftfahrt-Englisch an. Das Ganze wird in der Ausbildung an Simulatoren geübt, zusammen mit Stresssituationen wie schlechtem Wetter oder Flugzeuge, die sich in einem Notfall befinden.

In Deutschland arbeiten rund 2000 Fluglotsen. Sind beispielsweise durch eine Grippewelle viele Fluglotsen krank, werden die Flugpläne angepasst und weniger Flüge werden durchgeführt. Ohne Fluglotsen gibt es keinen Flugverkehr.

Das Luftfahrt-Englisch von Fluglotsen unterscheidet sich vom „normalen" Englisch übrigens. Zum Beispiel wird das englische „TH" nicht wie gewohnt ausgesprochen, sondern es entfällt. Beispiel: die englische Zahl „three" wird nicht mit TH ausgesprochen, sondern es wird TREE gesagt (mit gerolltem R). Das hat damit zu tun, dass die korrekte Aussprache über den Funk missverstanden werden könnte und die harte Aussprache ohne das H ist akustisch verständlicher.

Alle Anweisungen der Fluglotsen müssen die Piloten wiederholen, um Missverständnisse zu eliminieren.

Du siehst nun, dass die Piloten nicht einfach „blind" fliegen, sondern sich an die Anweisungen der Fluglotsen halten müssen.

Fliegen ist so extrem sicher, weil viele Personen (und auch Behörden) den Flugverkehr koordinieren und kontrollieren - und das weltweit.

19. Fliegen über die Meere

Auch das Fliegen über die Weltmeere ist ein Thema, welches Flugängstler beschäftigt und vielleicht sogar verängstigt.

Ich selbst kann gar nicht mehr zählen, wie oft ich schon über die Meere geflogen bin, denn auf der Langstrecke geht es ja immer über Wasser, da die Erde zu über 70 % von den Ozeanen bedeckt ist.

Flugangst-Betroffene fragen sich oft, was passiert, wenn ein Flugzeug während der Überquerung eines großen Meeres notlanden müsste.

Diese Frage finde ich absolut berechtigt, allerdings kann ich dir im Vorhinein schon sagen, dass dieser Fall auch extrem unwahrscheinlich ist. Laut einem Flug-Tracker starten und landen bis zu 200.000 Flüge pro Tag. Davon fliegen auch sehr viele über die Weltmeere. Du kannst dir also ausrechnen, wie viele Flüge in einem ganzen Jahr auch über Wasser unterwegs sind - und sicher auf dem Flughafen landen.

Und nun erkläre ich dir, weshalb das überhaupt möglich ist.

Bis Anfang der achtziger Jahre durften nur Flugzeuge die Meere überqueren, die mit drei oder mehr Triebwerken ausgestattet waren. Die international geltenden Gesetze schrieben damals vor, dass sich kein zweistrahliges (mit 2 Triebwerken ausgestattetes) Flugzeug weiter von einem Ausweichflughafen entfernen durfte als 60 Flugminuten.

Mit der Weiterentwicklung der Triebwerke wurden diese immer zuverlässiger, darum erhielt mit dem Airbus A300 das erste Flugzeug die Freigabe, sich 90 Minuten zum nächsten Ausweichflughafen entfernen zu dürfen. Die internationale Zivilluftfahrtbehörde erschuf dann die sogenannten „ETOPS"-Regeln (Extended-range Twin-engine Operation Performance Standards, deutsch: Betriebsleistungsnormen für zweimotorige Flugzeuge für weiter entfernte Strecken).

Die Regeln schreiben zum Beispiel eine häufigere Wartung der Flugzeuge (nach jedem Flug durch einen lizenzierten Mechaniker), aber auch eine höhere Zuverlässigkeit der Flugzeuge vor. Hätte ein Flugzeugmuster zu viele Störungen, würde die Airline oder gar alle Flugzeuge dieses

Musters die ETOPS-Zulassung verlieren. Airlines und Flugzeughersteller haben also ein großes Interesse daran, die Flugzeuge in einwandfreiem Zustand zu halten.

Aus Witz wird ETOPS auch so genannt: „Engines Turn Or Passagers Swim", deutsch: „Motoren drehen sich oder Passagiere schwimmen". Dies aber bitte nicht ernst nehmen, das ist nur Flieger-Humor.

Ganz wichtig zu wissen ist, dass es extrem unwahrscheinlich ist, dass überhaupt ein Triebwerk ausfällt, da gewinnst du eher im Lotto.

Bei den ETOPS-Regeln wird vom Ausfall nur eines Triebwerks ausgegangen. Obwohl ein Flugzeug auch nur mit einem Triebwerk weiterfliegen könnte, sind die Piloten trotzdem gezwungen, den nächstmöglichen Flughafen anzufliegen. Denn auch hier gilt das Motto: In der Fliegerei wird nichts dem Zufall überlassen und alle flugrelevanten Systeme müssen mindestens zweifach zur Verfügung stehen.

Übrigens: Meistens stellt ein Triebwerk nicht von selber ab, sondern wird von den Piloten aktiv abgestellt, zum Beispiel um nach einem kleinen technischen Defekt größeren Schaden abzuwenden.

Ein mehrfacher Triebwerksausfall kommt so extrem selten vor, dass er in den Simulatortrainings der Piloten nur begrenzt geübt wird. Ein einfacher Triebwerksausfall ist auch sehr selten, wird aber trotzdem in den Simulatoren jedes Mal geübt.

Heutzutage haben zweimotorige Langstreckenflugzeuge ETOPS 180 oder mehr, das bedeutet, dass sie sich 180 Flugminuten (drei Stunden) zum nächsten Ausweichflughafen entfernen dürfen, gewisse Muster sogar mehr. Mehrmotorige Flugzeuge dürfen sich mehr an die „Luftlinie" halten und sich weiter von Ausweichflughäfen entfernen. Somit haben je nach Triebwerksanzahl die Flugzeuge abweichende Flugrouten zum selben Ziel.

Es kann sein, dass du dich auf einem Langstreckenflug länger über Wasser befindest, der nächste Flughafen ist jedoch selten länger als drei Stunden entfernt.

Heute wird übrigens von „EDTO" gesprochen (Extended Diversion Time Operations – Betrieb bei verlängerter Ausweichdauer). So sind auf extrem langen Flügen auch drei- und vierstrahlige Flugzeuge eingeschlossen.

Wie du merkst, ist in der Fliegerei alles durchdacht, hat seine Regeln und Gesetze. Wäre das Fliegen über die Meere ein Risiko-Manöver, würden Passagierflugzeuge keine längeren Strecken über Wasser fliegen.

20. Vogelschlag

Der DAVVL (Deutscher Ausschuss zur Verhütung von Vogelschlägen im Luftverkehr) gibt an, dass Vogelschlag weltweit mehrmals täglich vorkommt. Es ist also keine Seltenheit und du musst dir deshalb auch keine Sorgen machen.

Vogelschlag passiert hauptsächlich beim Start, bei der Landung und beim Rollen am Boden, da Vögel ja nicht kilometerweit oben in der Luft fliegen. Laut FAA (amerikanische Flugsicherung) passieren 61 % der Vogelschläge unter dreißig Metern Höhe.

Kleinere Vögel machen dem Flugzeug überhaupt nichts aus, allerdings verursachen Vogelschläge weltweit jährlich Schäden bis zu 2 Milliarden US-Dollar.

Damit Flugzeuge trotz Vogelschlag sicher fliegen können, werden Triebwerke so gebaut, dass sie nach einem Vogelschlag mindestens noch 75 % der Leistung erbringen können. Andere Flugzeugteile sind so gebaut, dass sie sich nur deformieren, aber nicht zerstört werden und gleichzeitig ihre Funktion noch beibehalten. Und vergiss bitte nicht, dass ein Flugzeug auch ganz normal fliegen kann, wenn eins von zwei Triebwerken ausfallen sollte - es würde zur Sicherheit aber trotzdem den nächsten Flughafen anfliegen.

Solltest du nun an die Notlandung auf dem Hudson River denken, solltest du wissen, dass dies ein sehr extremer Einzelfall war. Das Flugzeug wurde damals von einem Schwarm sehr großer Fluggänse getroffen und nun wird alles getan, dass sich das nicht mehr wiederholt.

Folgende Präventivmaßnahmen gegen Vogelschlag werden vorgenommen: Die Bepflanzung von Flughäfen ist so gestaltet, dass Vögel dort keinen Nestbau betreiben können, Greifvögel keine Kleintiere jagen können und keine Pflanzenarten vorhanden sind, die als Futterquelle dienen. Deshalb siehst du auf großen Flughäfen-Flächen meist langhalmige Gräser. Kleine Vögel können darauf nicht landen und Greifvögel können Mäuse etc. durch die langen Gräser nicht sehen.

Jeder Flughafen hat Vogelschlagbeauftragte, die speziell dafür da sind, den Flughafen für Vögel unattraktiv zu machen. Größere Vögel und Vogelschwärme werden per Radar oder einer speziellen Kamera lokalisiert und dies gibt der Vogelschlagbeauftragte an die Flugsicherung und Piloten weiter. Sogenannte „Bird Controller" (Vogel Kontrolleure) fahren täglich über das Flughafengelände und checken die Höhe der Gräser und fangen Kleintiere wie Kaninchen ein. Die Kaninchen werden dann nach Sachsen-Anhalt transportiert, da dies das einzige Bundesland ist, in welchem man sie per Gesetz aussetzen darf.

Außerdem werden trainierte Bussarde, Falken, Hunde und auch andere Tiere eingesetzt, die Vögel vom Flughafen fernhalten.

Sollte doch mal ein Vogelschwarm oder größere Vögel am Flughafen unterwegs sein, kommt ein Schreckschussrevolver zum Einsatz. Als letzte Maßnahme wird doch mal scharf geschossen, denn der Vogelschwarm merkt sich die Gefahr, wenn einer von ihnen getroffen wurde.

Auch hier siehst du, dass selbst der Bereich Vogelschlag nichts dem Zufall überlassen wird. In der Fliegerei geht es immer um Prävention.

21. Kurven fliegen

Viele Fluggäste haben ein mulmiges Gefühl, wenn das Flugzeug eine steile Kurve fliegt. Allerdings kommt das ziemlich oft vor und ist (normalerweise) nichts, wovor du dich fürchten musst.

Klar, es ist verständlich, dass ungeübte oder verängstigte Fluggäste sich dabei nicht wohlfühlen, da dieser Anblick nichts ist, was wir aus dem Alltag kennen.

Theoretisch könnten Piloten sicherlich Kurven fliegen, die nicht so steil sind, aber dadurch würde man die Flugzeit verlängern, mehr Kerosin verbrauchen und auch der Umwelt mehr schaden. Und es wäre einfach nicht nötig, da diese Kurven kein Sicherheitsrisiko darstellen. Wenn du den Blick nach unten nicht magst, dann schau beim Kurven-Fliegen am besten nicht aus dem Fenster und bleibe mit deinem Blick in der Kabine.

Verkehrsflugzeuge dürfen übrigens Kurven mit maximal 30° Querlage fliegen, das ist lediglich ein Drittel des „Messerfluges" von Kunst- und Militärflugzeugen - vom Überkopfflug ganz zu schweigen.

Bemerkbare Kurven werden übrigens nur in der Start oder Landephase geflogen. Flughäfen sind nämlich immer so gebaut, dass die Start- und Landebahnen die möglichen örtlichen Windverhältnisse berücksichtigen. Kommt der Wind zum Beispiel meist aus dem Osten, zeigt auch mindestens eine Piste in diese Richtung und es wird vornehmlich in diese Richtung gestartet und gelandet. So kann die benötigte Pistenlänge reduziert werden bzw. es können schwerere Flugzeuge starten und landen, indem der Gegenwind zum Bremsen genutzt wird, bzw. der Rückenwind für mehr Geschwindigkeit beim Starten.

Wenn nun aber wie in unserem Beispiel Richtung Westen gestartet wird und die Zieldestination östlich liegt, wird kurz nach dem Abheben eine Kurve in die richtige Richtung gedreht. Beim Landen kann das umgekehrt natürlich auch sein.

Außerdem gibt es noch weitere Gründe, warum ein Flugzeug nach dem Start ziemlich schnell in die Kurve geht. Am Berliner Flughafen BER wird nach dem Abheben oft in die „Hoffmann-Kurve" eingebogen, damit die Anwohner in der Nähe des Flughafens nicht zu viel Fluglärm abbekommen. Die Hoffmann-Kurve wurde nach dem Piloten benannt, der dieses Flugmanöver zur Minderung des Flugverkehrslärms vorgeschlagen hat.

22. Was tun bei Übelkeit und Schwindel?

Reiseübelkeit, auch Reisekrankheit genannt, wird im Fachjargon „Kinetose" genannt und kann durch die wackeligen Bewegungen eines Transportmittels bei manchen Menschen den Gleichgewichtssinn durcheinanderbringen.

Es entsteht Übelkeit und / oder Schwindel, welcher durch die Flugangst noch verstärkt werden kann.

Die Veranlagung zu Reiseübelkeit ist bei jedem Mensch verschieden. Einige betrifft dies auch beim stärksten Gewackel nicht und andere sind sogar so empfindlich, dass man von einer „Pseudo-Kinetose" sprechen kann: Das bedeutet, dass manch einem sogar von einer simulierten Bewegung schon schlecht werden kann. Ein Beispiel hierfür wäre, wenn Übelkeit beim Besuch eines Flugsimulators entsteht, obwohl gar keine echte Bewegung stattfindet. Hier reicht schon der Eindruck des Wackelns über die Augen.

Laut einiger Statistiken sollen eher Frauen von Reiseübelkeit betroffen sein - allerdings kann es sogar auch einem Hund im Auto schlecht werden. Treffen kann es also Mensch und Tier.

Interessanterweise sind die Symptome einer Reisekrankheit denen der Flugangst ziemlich ähnlich:

- Kopfschmerzen
- Herzrasen
- Schwindel
- Übelkeit und Erbrechen
- Schnelles Atmen

Der menschliche Körper kontrolliert seinen Gleichgewichtssinn über verschiedene Sinnesorgane. Neben dem Gleichgewichtsorgan im Innenohr messen auch unsere Muskeln und Sehnen die Dehnung und Bewegung unseres Körpers und leiten diese an das Gehirn weiter.

Die Augen sind auch ein großer Mitspieler unseres Gleichgewichtssinns. Sie verhelfen uns dabei, unseren

Körper in einem Raum wahrzunehmen. (Ich bin zwar kein Arzt, aber die Vermutung liegt nahe, dass Menschen, die sogar bei simulierten Turbulenzen Übelkeit empfinden, sehr stark über ihre Augenwahrnehmung das Gleichgewicht steuern.)

Wir sind es am Boden gewohnt, dass der Horizont immer waagerecht bleibt und sich nicht ändert wie bei Turbulenzen oder wenn ein Flugzeug eine Kurve fliegt. Sitzen wir in der Flugzeugkabine, weiß unser Körper, dass wir still sitzen, aber alles andere bewegt sich. So kann der Gleichgewichtssinn durcheinander gebracht werden - Übelkeit und Schwindel können entstehen.

Übrigens: Ich selbst kenne diese Form von Verwirrung meiner Sinneswahrnehmungen auch - zwar nicht im Flugzeug (sonst könnte ich meinen Job an den Nagel hängen), aber ich kenne sie aus dem Fitness-Studio in umgedrehter Form:

Wenn ich auf einem Laufband jogge und fertig mit dem Laufen bin, steige ich vom Laufband ab und fühle mich so, als ob ich mich gerade fünfzigmal gedreht habe und mir wird super schwindelig. Mein Körper ist gerannt, die Umgebung hat sich auf dem Laufband nicht geändert und das verwirrt dann meine Sinne. Da ich das schon kenne, setze ich mich nach dem Laufen immer gleich hin, um nicht hinzufallen.

Aber keine Angst: Diese extreme Form von Reisekrankheit betrifft nicht jeden. Falls du noch nie geflogen bist oder noch nie Turbulenzen erlebt hast, sollst du jetzt nicht davon ausgehen, dass einem automatisch schlecht und schwindelig wird. Erfahrungsgemäß betrifft das nicht sehr viele Fluggäste.

Und falls doch, gibt es natürlich ein paar Methoden, diesen Zustand zu mildern:

- Bereite dir zu Hause vor dem Flug kleine Ingwerstückchen zum Kauen zu. (Ingwer hat mir in der Schwangerschaft das Leben gerettet, weil ich monatelang mit sehr starker Übelkeit zu tun hatte.) Da Ingwer zudem sehr scharf schmeckt, hilft er auch, die Flugangst zu mildern, da sich das Gehirn nicht gleichzeitig auf Angst und extreme Geschmäcker konzentrieren kann. Scharfe Bonbons und Kaugummis können auch gut helfen - bitte denk aber daran, deinen Magen nicht zu überfordern.

- Fokussiere deinen Blick auf einen Punkt innerhalb der Kabine. Nimm die Kabine als Raum wahr und versuche, nicht daran zu denken, dass das Flugzeug in der Luft fliegt. Vermeide das Herausschauen, wenn das Flugzeug wackelt oder eine Kurve fliegt.
- Spüre deine Füße am Kabinenboden und nimm diesen als Untergrund wahr.
- Vermeide es, zu lesen oder auf dein Handy zu schauen. Das kann die Reisekrankheit verstärken. (Es gibt auch Brillen gegen Reisekrankheit. Die sehen zwar komisch aus, aber geben den Augen einen „Horizont".)
- Medikamente gegen Reiseübelkeit können helfen, verursachen jedoch vielleicht unerwünschte Nebenwirkungen. Ich rate (bei Flugangst) generell nicht zum Griff zu Medikamenten, weil ich es als Nicht-Arzt einfach nicht darf und weil sich Flugangst damit auch nicht überwinden lässt. Außerdem wirken Medikamente (und Alkohol) im Flugzeug stärker als am Boden, da die Luft im Flugzeug etwas dünner ist. Ingwer wäre immer meine erste Wahl. Solltest du allerdings von einer

sehr ausgeprägten Reisekrankheit betroffen sein, sprich vor dem Flug mit einem Arzt.

- Auch Übelkeit und Schwindel sind Grund genug, die Crew um Hilfe zu bitten. Geht es dir nicht gut, sind die Flugbegleiter für dich zur Stelle.
- Sollte alles nichts helfen, findest du an deinem Sitzplatz eine Spucktüte, falls doch mal was raus muss.

23. Was tun bei Panikattacken?

Wenn es nun doch dazu kommen sollte, dass du eine Panikattacke an Bord bekommen solltest, ruf einen Flugbegleiter zu dir oder schicke einen anderen Fluggast zu den Crewmitgliedern, um dir Hilfe holen zu lassen.

Die Flugbegleiter werden dich (wenn möglich) in die Bordküche mitnehmen, dich auf einen Flugbegleiter-Sitz setzen und dich beruhigen. Solange du keine körperlichen Beschwerden hast, die durch eine Panikattacke verschlimmert werden könnten, werden wir dich ohne den Ausruf nach einem Arzt beruhigen.

Wenn ein körperlich gesunder Mensch Panik im Flugzeug bekommt, ist das kein Grund, um eine Landung aus medizinischen Gründen zu machen, da Panikattacken zwar sehr unangenehm, aber für körperlich fitte Menschen nicht gefährlich sind und meist auch schnell abklingen.

Wegen medizinischen Notfällen an Bord wird mit Passagierflugzeugen außerplanmäßig gelandet, wenn festgestellt (oder auch nur vermutet) wird, dass der Fluggast dringend professionelle medizinische Versorgung braucht.

Dazu gehören Panikattacken nicht, da diese nicht gefährlich sind und sie bis zum Zeitpunkt des Eintreffens des Notarztwagens am Flughafen sicherlich längst überwunden ist.

Die Crew ist dafür da, dass du dich wohl und sicher an Bord fühlst. Also scheue dich nicht, die Crew anzusprechen, wenn sich die Panik anbahnt.

Denk auch daran, dass Panik in den meisten Fällen nicht lange andauert. Das kann ich auch aus Erfahrung sagen. Immer wenn ich einen Fluggast in die → Galley (Bordküche) geholt habe, ist derjenige meist spätestens nach 30 Minuten wieder viel ruhiger zum Sitzplatz zurückgegangen.

Sei dir darüber auch bewusst, dass es normal ist, dass der Körper auf Angst mit Herzrasen, Schwindel und Schwitzen reagiert. Wenn man sich dann auch noch über seine körperlichen Signale Sorgen macht, gerät man erst recht in Panik.

Versuche, der Crew zuzuhören, sieh den anderen Crewmitgliedern zu, wie sie in der Galley Kaffee kochen und konzentriere dich auf andere Fluggäste, die sehr entspannt aussehen - denn das kann auch gut auf dich abfärben.

Bevor es aber zu einer richtigen Panikattacke kommt, könnten dir die Tipps zur Beruhigung in Kapitel 26 und 27 helfen.

24. Flugverspätungen sind kein Grund zur Panik

Es gibt viele Gründe, warum es zu Flugverspätungen kommen kann. Doch zwei Dinge stressen Flugangst-Betroffene am meisten: Wenn ein knapper Anschlussflug erreicht werden muss oder wenn es heißt, dass sich der Flug wegen eines „technischen Defekts" verspätet beschleunigt sich der Puls.

Doch zuerst einmal zu den nicht-technischen Gründen, warum der Abflugplan nicht eingehalten werden kann. Da es wirklich extrem viele Gründe gibt, warum Verspätungen entstehen können, erzähle ich dir die Dinge, welche mir persönlich auf Strecke am meisten untergekommen sind.

Ich wohne zwar in Berlin, aber fliege ab Frankfurt am Main. Der „three-letter-code" (drei Buchstaben-Code) für den Frankfurter Flughafen lautet FRA.

In FRA gibt es ein Nachtflugverbot zwischen 23 Uhr und 6 Uhr morgens. Somit gehen die ersten Flüge dort ab 6 Uhr. Die Flieger haben die Nacht über in FRA geparkt und die Chancen, dass sich die ersten Flüge verspäten, ist relativ gering, da der Flieger ja schon vor Ort abflugbereit steht.

Nun kann es aber sein, dass ein Fluggast seinen Koffer eingecheckt hat, aber nicht durch das Gate in das Flugzeug gestiegen ist. Ist dies der Fall, muss der Koffer aus dem Flugzeug wieder ausgeladen werden. Erscheint ein Fluggast nicht, bleibt sein Koffer aus Sicherheitsgründen auch am Boden. Das Ausladen des Koffers kann schon eine Weile dauern, da die Belader den Koffer erst einmal finden müssen.

Dass Fluggäste im Verlauf des Tages nicht in das Flugzeug einsteigen, kommt eigentlich so gut wie auf jedem Flug in FRA vor. Frankfurt ist ein riesiges Flug-Drehkreuz. Viele Reisende fliegen erst nach Frankfurt um dann einen Anschlussflug zu nehmen. Es kann durchaus passieren, dass die Koffer eines umsteigenden Fluggastes schneller im nächsten Flugzeug sind, als er selbst. Ich habe es aber auch schon erlebt, dass manche Leute die Zeit vergessen und zu lange im Duty-Free-Shop verbracht haben. Das Gate wurde geschlossen und die Fluggäste blieben am

Boden. Auch ihre Koffer wurden dann wieder ausgeladen, was dann zu Verspätung geführt hat.

Da die Bodenmitarbeiter wissen, welche Fluggäste einen knappen Anschlussflug haben, warten die Anschlussflüge teilweise auch auf diese Gäste.

Außerdem kann es auch sein, dass die geplante Crew spät dran ist. Auf der Kurzstrecke fliegen die Crews bis zu 5 Flüge am Tag. Beispiel: FRA - London - FRA - Paris - FRA - Oslo. Das Flugzeug selbst ist den ganzen Tag im Einsatz. Hat eine Crew Feierabend, übernimmt die nächste Crew das Flugzeug.

Da es Flughäfen ohne Nachtflugverbot gibt, können auch noch viele Flüge vor 23 Uhr in FRA abheben und dann in der Nacht dort landen, wo es kein Nachtflugverbot gibt. Viele Langstrecken gehen spät abends los und fliegen durch die Nacht. Bei Notfällen gilt das Nachtflugverbot übrigens nicht, falls ein Flugzeug eine Sicherheitslandung zum Beispiel in FRA zwischen 23 und 6 Uhr machen muss.

Manche Flugbegleiter sind auch als „Springer" unterwegs und wechseln auf vielen Flügen die Crew und das

Flugzeug. Hier können auch Verspätungen entstehen, da die Crew vollständig sein muss.

Selbst wenn das Boarding (→ Einsteigevorgang) pünktlich stattfindet, kann es auch passieren, dass es zu lange dauert. Das Flugzeug darf aus Sicherheitsgründen erst losrollen, wenn alle Gäste sitzen. Gibt es viele hilfsbedürftige Gäste (beispielsweise kleine Kinder und ihre Begleiter oder Rollstuhlfahrer), kann sich das Boarding hinziehen.

Auch ist es mir schon öfter mal passiert, dass Fluggäste in den Notausgangsreihen sich weigern, ihr Handgepäck in den oberen Staufächern abzulegen. Die Notausgangsreihen müssen frei von Gepäck, Jacken und allem sein, was zur Stolpergefahr werden könnte bei einer (extrem unwahrscheinlichen) Evakuierung. Solche Diskussionen mit uneinsichtigen Gästen können auch Zeit kosten.

Nachdem alle Fluggäste sitzen, müssen die Flugbegleiter die Kabine „klarmelden". Das bedeutet, dass alle Gegenstände in der Kabine und in den Bordküchen verstaut und gesichert sind, die Fluggäste angeschnallt sitzen, die Fensterblenden oben sind (damit die Flugbegleiter eine uneingeschränkte Sicht auf das Äußere vom Flugzeug haben bei Start und Landung), und so einiges mehr. All dies checken wir, nachdem wir die Sicherheitsvorführung gemacht haben oder diese in den Monitoren gelaufen ist.

Ist die Kabine abflugbereit, setzen sich die Flugbegleiter auf ihre Sitze (welche sich immer in der Nähe der Notausgänge befinden) und wir geben dem Kabinenchef per Handzeichen oder Drücken eines bestimmten Knopfes Bescheid, dass unser Kabinenbereich klar (also abflugbereit) ist.

Wurden alle Bereiche des Flugzeugs klar gemeldet, gibt der Kabinenchef der Cockpit-Crew das Zeichen, dass wir „ready" sind. Kurz vor dem „Gas-Geben" macht einer der Piloten eine kurze englische Ansage an uns Flugbegleiter, dass es nun jeden Moment losgeht.

Verspätet sich das Losrollen eines Flugzeugs, kann es seinen sogenannten → Slot verlieren. Der Slot ist das Zeitfenster, welches die Flugsicherung den Cockpit-Kollegen vorgibt, in welchem sie starten dürfen. Dauert das Boarding zu lange, oder gab es andere Gründe, warum der Slot verpasst wurde, muss auf ein neues Zeitfenster gewartet werden. Je nach Verkehrsdichte am jeweiligen Flughafen kann das zu spürbaren Verspätungen führen.

Das Gute ist jedoch, dass in der angegebenen Flugzeit immer ein wenig Verspätung einkalkuliert ist, eben damit Anschlussflüge nicht ständig verpasst werden.

Es kann jedoch zum Rattenschwanz werden, wenn ein Flugzeug später als geplant losfliegt. Dadurch kommt es am Zielflughafen zu spät an und der Flug zurück zum Startflughafen ist samt Crew auch verspätet. Aber da es eben so viele Gründe gibt, kommt es in der Fliegerei sehr oft zu Verspätungen. Also sei deshalb bitte unbesorgt. Hast du einen Anschlussflug mit derselben Airline verpasst (oder einer Partner-Airline), wird für dich am Umsteigeflughafen ein neues Ticket zum Weiterfliegen ausgestellt.

Nun aber zu dem Szenario, vor dem sich Flugangst-Betroffene fürchten: Verspätung wegen eines „technischen Defekts".

Da ich, wie gesagt, in Berlin wohne und ab Frankfurt fliege, nehme ich immer ein Flugzeug zur Arbeit. Ich fliege auf der sogenannten „Stand-by Rate" für Mitarbeiter, welche sehr günstig ist, aber ich komme auch nur mit, wenn Platz im Flieger ist oder es einen freien Flugbegleiter-Sitz gibt oder ich im Cockpit mitfliegen kann. Somit bin ich schon unzählige Male als „normaler" Fluggast geflogen und habe die Begründung „Verspätung wegen Technik" schon ganz oft gehört.

Du musst dir in diesem Fall überhaupt keine Sorgen machen.

Beim Fliegen hat die Cockpit-Crew eine bestimmte Liste, die „Minimum Equipment List" (Mindestausrüstungsliste) heißt. In dieser steht geschrieben, was kaputt sein „darf" und was repariert werden muss, bevor das Flugzeug mit Fluggästen fliegen darf. Dazu gehören Ausrüstung, Systeme und Instrumente. Was darin aufgeführt ist, muss vorhanden und funktionstüchtig sein. So offensichtliche Dinge wie die Tragflächen werden in dieser Liste nicht aufgeführt und auch nicht Dinge wie die Kaffeemaschine in der Bordküche, da sie nicht der Flugtauglichkeit dient.

Es gibt allerdings viele Dinge in einem Flugzeug, die zwar nicht der aerodynamischen Flugtauglichkeit, aber der Sicherheit dienen und darum funktionieren müssen. Ein Beispiel wäre der Rauchmelder im Frachtraum, oder auch der Sicherheitsgurt eines Flugbegleiter-Sitzes. Auch wenn das Flugzeug ohne diese Ausrüstungsteile fliegen kann, dürfte man nicht abheben, wenn eines dieser Teile defekt ist. So kann es schnell zu einer Verspätung aufgrund eines technischen Defekts kommen, aber du musst und solltest dir keine Horrorszenarien ausmalen, denn damit wird die Sicherheit hochgehalten und gehört zum ganz normalen Flieger-Alltag. Ein kaputter Flugbegleiter-Sicherheitsgurt ist nun mal auch ein „technischer Defekt".

Siehe auch → Wartung und Reparatur der Flugzeuge

25. Das Zusammenspiel der Flugsicherheitsbehörden

Damit es nicht allzu trocken wird, gehe ich bei der Erklärung der einzelnen Behörden, Organisationen und Agenturen nicht in die Tiefe. Ich möchte dir hier kurz und knackig das Zusammenspiel der Flugsicherheitsbehörden erklären, damit du durch dieses Wissen ein Gefühl von Sicherheit bekommst. Wenn dir bewusst wird, wie viele Behörden und Ministerien nur alleine für die Flugsicherung zuständig sind, wirst du hoffentlich bemerken, dass in der Fliegerei nichts dem Zufall überlassen wird.

Zunächst beginne ich mit der Flugsicherung innerhalb des deutschen Luftraumes.

Wie ich dir in dem Kapitel „Fluglotsen im Tower und im Kontrollzentrum" schon erklärt habe, kümmern sich die Fluglotsen der Deutschen Flugsicherung um die Koordination von Flugzeugen, die über Deutschland hinweg fliegen, dort starten, oder landen.

Die → DFS GmbH ist ein Unternehmen, welches ausschließlich im Besitz der Bundesrepublik Deutschland ist, welche durch das Bundesministerium für Verkehr und digitale Infrastruktur (BMVI) vertreten wird.

Unter dem Dienst der BMVI steht das Luftfahrt-Bundesamt (→ LBA), welches in erster Linie eine technische Prüfungs- und Zulassungsbehörde, welche aber auch Befugnisse einer Aufsichtsbehörde hat. Das LBA vergibt unter anderem Zulassungen von Luftfahrzeugen und kümmert sich um die Ausbildung, Prüfung und Lizenzierung des Luftfahrtpersonals wie Piloten, Dispatchern (Flugdienstberatern), Fliegerärzten oder Fluglotsen.

Fertig ausgebildete Fluglotsen werden vom Bundesaufsichtsamt für Flugsicherung (→ BAF) zertifiziert. Das BAF ist eine Bundesoberbehörde des BMVI. Ein weiterer Schwerpunkt des BAF ist die Überwachung der zivilen Flugsicherungsorganisationen.

Auf europäischer Ebene hat die Agentur der Europäischen Union für Flugsicherheit (EASA - englisch European Union Aviation Safety Agency) das Sagen. Seit 2004 hat sie ihren Sitz in Köln; zuvor war ihr Standort in Brüssel. Die

EASA hat die Aufgabe, einheitliche und hohe Sicherheits- und Umweltstandards auf europäischer Ebene zu erstellen und zu überwachen und wird vom Europäischen Parlament kontrolliert.

International agiert die Internationale Zivilluftfahrtorganisation (→ ICAO - englisch International Civil Aviation Organization) mit Hauptsitz im kanadischen Montreal. Sie ist eine Sonderorganisation der Vereinten Nationen (UN) und arbeitet daran, den zivilen Luftverkehr auf internationaler Ebene zu standardisieren. Jedes Land hat natürlich noch seine eigenen Flugsicherungsorganisationen und Behörden.

Die International Air Transport Association (→ IATA - englisch für Internationale Luftverkehrs-Vereinigung) ist ein Dachverband von bis dato 300 Fluggesellschaften, die 94 % aller internationalen Flüge durchführen. Die IATA hat es sich zum Ziel gemacht, das Lufttransportgewerbe zu repräsentieren.

26. Tipps zur Beruhigung

Sport

Wenn bei dir die Angst losgeht, schüttet dein Körper Adrenalin aus. Nachgewiesenermaßen kann der menschliche Körper aber nicht endlos Adrenalin ausschütten.

Also könntest du (wenn es zeitlich passt) ein wenig Sport vor deinem Flug machen und somit schon Adrenalin „verbrauchen". Bitte übertreibe es aber nicht. Mache so viel Sport, wie es für dich noch angenehm ist, damit du noch Power für die Fahrt zum Flughafen und die Abläufe vor Ort übrig hast.

Auch solltest du vor dem Flug im besten Falle genug Schlaf bekommen haben. Falls es geht, buche dir einen Flug zu einer Uhrzeit, die es erlaubt, vorher auszuschlafen. Dein Nervenkostüm wird dann auf jeden Fall resistenter sein, als wenn du übermüdet bist.

Fit für den Flug

Damit deine Nerven für den Flug stark genug sind, ist es auch wichtig, dass du vorher genug getrunken und gegessen hast.

Nimm dir auch eine leere Wasserflasche mit durch die Sicherheitskontrolle und fülle sie dir am Wasserspender im Flughafen-Terminal auf. So bist du unabhängig von den teuren Preisen am Flughafen und vom Service der Flugbegleiter. Du darfst auch Snacks im Gepäck haben, die nicht flüssig oder breiig sind. Obst, Nüsse und Sandwiches sind super, um sie mit ins Flugzeug zu nehmen.

Dein eigenes „Care-Paket" dabeihaben

Flugangst ist ein unangenehmes Gefühl. Aber Gefühle kann man auch umlenken ins Positive. Mach dir doch ein kleines Täschchen mit Dingen, die du liebst. Ein Foto von deinem Partner, deiner Familie oder deinem Hund, eine Duftprobe von deinem Lieblingsparfüm, ein „Anti-Stress-Ball" zum darauf rum quetschen, und vielleicht ein paar verschreibungsfreie Mittel gegen Stress, wenn du gar nicht ohne auskommen solltest. Nimm dir einfach alle kleinen

Dinge mit, die dich wohlfühlen lassen und dir positive Gedanken machen.

Scharfe Bonbons sollten auch nicht darin fehlen, denn bei sehr scharfen oder sauren Geschmäckern kann sich das Gehirn nicht mehr auf die Flugangst konzentrieren.

Einen Brief an sich selbst schreiben

So komisch es klingt, aber schreibe dir zu Hause doch einen Brief an dich selbst, den du dann im Flugzeug liest. Erinnere dich in dem Brief daran, wie sicher das Fliegen ist und dass Reisenervosität auch normal ist. Schreibe darin auf, warum du überhaupt fliegen möchtest und was du dadurch für wunderschöne Erlebnisse haben wirst.

Alternativ kannst du auch deinen Partner oder einen empathischen engen Freund fragen, ob er dir ein paar liebe und motivierende Worte mit auf den Flug gibt.

Im Flug könntest du dich mit dem Schreiben eines Reisetagebuchs ablenken. Du könntest auch mein Notizbuch gegen Flugangst nutzen. Darin kannst du deine Gedanken festhalten und auf jeder zweiten Seite steht ein Fakt gegen Flugangst.

Die Piloten begrüßen

Während des gesamten Fluges verbleibt die Cockpit-Tür für Fluggäste geschlossen. Beim Einsteigevorgang ist die Tür aber meist geöffnet. Frage direkt beim Einsteigen das Kabinenpersonal, ob du mal kurz die Piloten begrüßen darfst. Das sollte in den meisten Fällen kein Problem sein, wenn du nur ganz kurz Hallo sagst.

So kennst du wenigstens die Gesichter der Piloten und baust ein wenig mehr Vertrauen auf.

Die Flugbegleiter ansprechen

Der beste Zeitpunkt, die Crew wegen Flugangst anzusprechen, ist beim Einstieg. Da können wir dich noch umsetzen und dich beruhigen, denn später im Reiseflug wird der Service vorbereitet und durchgeführt.

Aber auch wenn du dich erst später als beim Einstieg trauen solltest: Die Flugbegleiter werden dich und deine Angst zu jedem Zeitpunkt ernst nehmen und dich unterstützen. Fragen kostet nichts – den allermeisten Mitgliedern meiner Flugangst-Facebook-Gruppe hat die Crew toll geholfen, die Flugangst zu bändigen.

Und wenn du einen Flugbegleiter antriffst, der gestresst oder wenig empathisch ist, frag den nächsten. Ansonsten halte Ausschau nach dem Flugbegleiter mit den meisten Streifen an der Uniform. Das sind die Kabinenchefs, die sich sicherlich um dich kümmern werden. Du könntest sie auch bitten, dass sie bei Turbulenzen eine beruhigende Ansage machen und noch einmal versichern, dass alles im normalen Rahmen ist.

Die Kontrolle abgeben lernen

Viele Menschen mit Flugangst haben Probleme damit, die Kontrolle abzugeben. Sie tendieren dazu, alles lieber selbst machen zu wollen und begeben sich ungern in Situationen, in welchen sie keine Handlungsmacht haben.

Aber in manchen Fällen ist es doch besser, die Profis ihren Job machen zu lassen. Wenn du davon betroffen bist, denke daran, dass die Piloten sogar noch mehr Flugstunden monatlich ableisten als Flugbegleiter. Außerdem machen sie ständig Simulatorflüge und werden oft geprüft und gecheckt. Selbst der Kapitän und Copilot überprüfen sich bei jedem einzelnen Flug gegenseitig.

Vertraue darauf, dass Piloten alles tun (und tun müssen), um Gefahrenquellen sehr weit aus dem Weg zu gehen. Für sie ist das Fliegen Alltag und trotzdem sind sie immer hoch konzentriert - auch wenn es mal doller wackelt.

Musik, Filme und Hörbücher

Nachgewiesenermaßen beeinflusst Musik unsere Gefühle. Höre dir deshalb Musik an, die du liebst, die dich an positive Ereignisse erinnert und dich wohlfühlen lässt.

Du kannst dir auch auf dein Tablet oder Handy Filme laden, die dir helfen, dich gut zu fühlen. Wähle dafür am besten lustige Filme und keine Thriller, Dramen oder Actionfilme, die für Adrenalin sorgen. Hörbücher sind auch super, um dich abzulenken.

Atemübungen machen

Atme langsam durch die Nase ein und auch langsam wieder aus der Nase heraus. Sprich innerlich immer wieder zweisilbige Wörter zur Beruhigung aus, wie etwa „Ru-he".

Die „4-6-8" Methode hilft auch sehr gut. Diese kannst du schon Wochen vor deinem Flug üben und sie verhilft dir zu einer generellen Entspannung und soll sogar den Blutdruck senken. Und so funktioniert diese Methode: Atme langsam durch die Nase ein und zähle bis 4. Dann behältst du die Luft in dir, bis du von 1 bis 6 gezählt hast. Als Letztes atmest du langsam aus und zählst dabei bis 8.

Smalltalk führen

Selbst wenn du alleine fliegst, wirst du nicht der einzige Fluggast sein. Beginne doch einen Smalltalk mit einem Mitreisenden neben dir. Das lenkt ab und verkürzt gefühlt die Flugzeit für beide.

Gedächtnis-Spiele spielen

Wird dein Puls schneller und du steigerst dich in die Angst hinein, kannst du deine Gedanken mit Gedächtnis-Spielen ablenken. Das habe ich an Bord bei vielen Betroffenen versucht und oft hat es geklappt. Frag dich zum Beispiel, was du vor drei, vier oder fünf Tagen gegessen hast oder welche Kleidung du getragen hast. Das geht alleine oder auch super zu zweit.

Mit einem angstfreien Menschen fliegen

Vielen Flugangst-Geplagten hilft es sehr, mit einer Person ihres Vertrauens zu fliegen, die keine Flugangst hat. Das beruhigt ungemein und man hat jemanden zum Festhalten bei Turbulenzen.

Die innere Ruhe des Reisepartners strahlt im besten Falle auf dich aus. Falls du alleine fliegen musst, kannst du dir auch Fotos von deinen Liebsten anschauen. Ein Glücksbringer hat übrigens auch noch nie geschadet.

Arbeiten oder andere Ablenkungen

Falls es sich nicht um eine Geschäftsreise handelt, willst du wahrscheinlich gar nicht ans Arbeiten denken. Wenn du dich aber gut mit Arbeit am Laptop ablenken kannst, die dich sonst nach dem Urlaub auf deinem Schreibtisch erwartet, kannst du sie zur Ablenkung schon erledigen.

Oder du machst etwas, was dir Spaß macht. Kreuzwort- oder Sudoku-Hefte ausfüllen, Spiele auf dem (in Flugmodus gestellten) Handy spielen, ein Reisetagebuch schreiben oder was auch immer. Der Fantasie sind keine Grenzen gesetzt.

WLAN nutzen

Oft gibt es die Möglichkeit, WLAN an Bord stundenweise zu kaufen. Das ist zwar nicht immer besonders günstig, aber so könntest du während des Reisefluges mit deiner Familie und Freunden chatten oder Interessantes im

Internet lesen. Dein Handy muss zwar auf Flugmodus gestellt sein, aber die WLAN-Funktion kannst du nutzen.

Sich an einen „Wohlfühlort" denken

Ein Flugzeug ist selbst für relaxte Vielflieger nicht der schönste Ort, den sie sich vorstellen können – auch die First-Class ist nur eingeschränkt luxuriös.

Du kannst also mental versuchen, dich an einen Ort zu begeben, der dich richtig wohlfühlen lässt.

Lagst du schon mal in einer lauen Sommernacht auf einer Wiese und hast dort Sternschnuppen beobachtet? Oder hast du einen besonders romantischen Moment mit einer besonderen Person erlebt, an den du dich gerne zurückerinnerst?

Egal was es sein mag, echt geschehen oder eine Fantasie – schließe die Augen, mach dir Ohrstöpsel rein oder höre dabei entspannte Musik und bringe dich gedanklich an diesen Ort, zu dieser Erinnerung oder stelle dir etwas vor, was du gerne erleben möchtest.

Sich digital begleiten lassen

Viele meiner Flugangst-Gruppenmitglieder fühlen sich besser, wenn andere sie digital auf Apps wie Flightradar24 begleiten. Dort kann man die Flugnummer eines Fluges eingeben und live beobachten, wo sich das Flugzeug gerade entlang bewegt, welche Flughöhe es hat und einiges andere - auch in der gratis Version.

27. Tipps zur Beruhigung von Flugangst-Betroffenen

In meiner Facebook Flugangst Gruppe habe ich die Mitglieder gefragt, wie sie sich selbst am effektivsten beruhigen können beim Fliegen. Ich glaube, dass gerade die Tipps von Betroffenen super sein können, auch deine Angst etwas zu mildern. Lieben Dank an alle, die mitgemacht haben! Das haben die Mitglieder geantwortet:

Lieblingsfilm oder Serie downloaden

Eine Flugangst-Betroffene schaut ihre Lieblingsserie absichtlich ein paar Tage vor dem Flug nicht. Sie lädt sie sich auf ihr Tablet oder Telefon und schaut sie dann im Flugzeug.

Aktiv etwas machen

Du kannst dir zuvor coole Spiele aufs Telefon oder Tablet laden oder dich mit der Nintendo Switch beschäftigen.

Rückwärts zählen

Eins der Mitglieder lenkt sich damit ab, indem sie von 100 herunterzählt. Wer es kann, könnte es auch auf Englisch machen.

Mit den Beinen wackeln

Wenn es turbulent wird, wackelt ein Mitglied der Flugangst Gruppe mit den Beinen, um gefühlt die Turbulenzen auszugleichen.

WhatsApp Nachrichten schreiben

Selbst wenn es an Bord kein (gratis) WLAN gibt, schreibt eine Betroffene ihrer Freundin ihre Gedanken via WhatsApp. Sie findet es lustig, wie die Freundin dann gefühlt 300 Nachrichten auf einmal bekommt, sobald das Handy wieder Internetzugang hat.

Buch gegen Flugangst lesen

Ein Mitglied hat das erste Buch gelesen, welches ich rausgebracht habe („Flugangst-Tipps einer Stewardess") und sich meinen Tipp zu Herzen genommen, Kopfhörer zu kaufen, die die Nebengeräusche unterdrücken.

Die Crew beobachten

Es kann sehr beruhigend sein, wenn du beobachtest, wie entspannt die Crew ihren Service macht. (Wie du weißt, ist es aber auch keine schlimme Situation, wenn wir Crewmitglieder den Service wegen Gewackel unterbrechen. Ich hatte in 11 Jahren als Flugbegleiterin noch nie Angst um mein Leben.)

Meditation-Podcast hören

Entweder hörst du dir einen Meditation-Podcast an, oder einen Podcast, in dem du etwas lernst, was dich sehr interessiert.

Stressball kneten

Einen Stressball zu kneten kann helfen, sich zu konzentrieren und ruhiger zu werden.

Gang auf und ab laufen

Wenn der Service vorbei ist, sind die Gänge frei und man kann ein wenig auf und ab spazieren. Gerade auf Langstreckenflügen ist das gut für die Durchblutung und kann auch beruhigend wirken.

Den Start und die Landung aus dem Fenster filmen

Viele Flugangst-Betroffene sind beim Start besonders aufgeregt und beschäftigen sich dann mit dem Filmen des Starts (und auch der Landung). So kann man sich die Videos später noch einmal anschauen und sich vergegenwärtigen, wie sicher das Fliegen ist.

Alte Fotos vom Handy löschen

Wann nimmt man sich schon mal die Zeit, das Telefon aufzuräumen? Bestimmt jeder von uns hat Unmengen an Bildern abgespeichert, die sich kein Mensch mehr anschauen möchte.

Etwas vor sich hin summen

Das Rauschen an Bord ist laut genug, dass du dich mit Summen beruhigen kannst, ohne dass du andere Fluggäste damit störst. Außerdem suggeriert man sich selbst dabei gute Laune, was die Entstehung von Panik verhindern kann.

Das innere Kind in sich wieder erwecken

(Irrationale) Ängste entwickeln sich erst mit dem Älterwerden. Kleinere Kinder finden das Fliegen meist spannend und freuen sich, wenn sie am Fenster sitzen können, um hinauszuschauen.

Ein Mitglied der Flugangst Gruppe sagt bei jedem Start bewusst „huiiii", da sie das mal beim Start bei einem kleinen Jungen mitbekommen hat. Sie hat es sich zum Ritual gemacht, so offen und erfreut „huiii" zu sagen, wie der kleine Junge damals.

Sich Rituale schaffen

- auf das Flugzeug klopfen beim Einsteigen
- kurz im Cockpit Hallo sagen
- Crew herzlich begrüßen
- lächeln
- Kuschelkissen auf den Sitz legen etc.

Daran denken, dass die Crew ständig im Flugzeug ist

Wenn man darüber nachdenkt, wie oft Flugbegleiter und Piloten in der Luft sind (bis zu 5 Flüge am Tag), stellt man fest, dass die Angst eigentlich nicht nötig ist. Wir Flugbegleiter haben wie alle anderen Menschen ein ganz normales Leben mit Familie und Freunden und gehen einfach nur unserer Arbeit nach - und gehen nach jedem unserer Einsätze wieder nach Hause.

Flugzeuge beim Starten, Fliegen und Landen beobachten

Entweder machst du einen Ausflug zum Flughafen und gehst auf die Besucherterrasse oder du tust es vor deinem Flug am Gate, wenn du eine gute Sicht hast. Auch im Alltag könntest du einfach mal ein vorbeifliegendes Flugzeug beobachten und dir denken, wie sicher es an dir vorbeizieht.

Autogenes Training machen

Autogenes Training ist zwar etwas anspruchsvoller als progressive Muskelentspannung (alle Muskeln hintereinander bewusst anspannen und entspannen), kann aber auch einen beruhigenden Effekt haben.

Du schließt deine Augen und sprichst innerlich Formeln wie „Fliegen ist extrem sicher", „Mein linker Arm ist warm", „Meine Atmung beruhigt sich" etc. So konzentrierst du dich ganz auf dich selbst und nicht auf das, was um dich herum passiert. Anleitungen hierfür findest du auf YouTube.

Klopftechnik anwenden

Die Klopftechnik ist eine Methode, die die Elemente der Traditionellen Chinesischen Medizin (TCM) und moderner Psychologie miteinander kombiniert. Sie dient dazu, belastende Gefühle in angenehme Gedanken und Gefühle zu verwandeln. Die Klopftechnik wird auch EFT genannt, „Emotional Freedom Technique", auf Deutsch „Emotionale Freiheit Technik". Auf YouTube findest du viele Videos, die dir diese Technik genauer erklären.

Die Fantasie nutzen

Der Ehemann einer Flugangst-Betroffenen hatte eine süße Idee für seine Frau: Sie sollte sich vorstellen, dass sie Flugbegleiterin ist und im Flugzeug ihr Lieblingssänger sitzt. Sie muss sich in ihrer Vorstellung hinsetzen, weil es im Flugzeug wackelt, kann sich aber schon auf ein Gespräch mit dem Lieblingssänger freuen.

Du kannst dir deine ganz eigene Geschichte ausdenken und dich somit in eine ganz andere Person und Situation hineinversetzen.

28. Warum Fliegen so sicher ist

In der Fliegerei ist die Sicherheit oberstes Gebot. Doch wie wird dies erreicht?

Es gibt einige Grundsätze und Maßnahmen:

Unabhängigkeit / Redundanz

Der Ausfall oder das Versagen eines einzelnen Systems oder Mitarbeiters führt nie zu einer gefährlichen Situation.

Einige Beispiele:

- Jedes Verkehrsflugzeug hat zwei oder mehr Triebwerke. Fällt eines aus, egal in welcher Situation, kann mit dem anderen immer noch ein Flugplatz erreicht werden – auch wenn man sich mitten über dem Atlantik, Sibirien oder dem Himalaya befindet.
- Es sind immer mindestens zwei Piloten im Cockpit, je nach Flugdauer sogar drei oder vier an Bord. Hat einer beispielsweise ein

medizinisches Problem, kann der andere das Flugzeug alleine landen. Darum dürfen Piloten vor dem Flug und an Bord nie das Gleiche essen.

- Die wichtigen Computer und Systeme sind alle doppelt, dreifach, fünffach vorhanden: Triebwerke, Hydrauliksysteme, Steuerungscomputer, Kaffeemaschine, usw. (Wer hat den Witz entdeckt?) ;)
- Die sicherheitsrelevanten Checklisten werden immer von beiden Piloten abgearbeitet und die einzelnen Punkte unabhängig voneinander geprüft. Dasselbe gilt auch für alle Eingaben am Autopiloten.
- Macht ein Fluglotse oder die Piloten einen Fehler und kommen sich zwei Flugzeuge zu nahe, gibt ein Kollisionswarnsystem in den Flugzeugen neue Anweisungen, die zwingend befolgt werden müssen.
- Arbeitet ein Mechaniker an einem wichtigen System, wird diese Arbeit anschließend von einem weiteren Mechaniker überprüft.

Das Ganze nennt man „Redundanz": Das Vorhandensein von doppelten oder dreifachen Ausführungen von relevanten Systemen, sodass die Sicherheit in unserem Fall beim Fliegen massiv gesteigert wird.

Alternativen

Dasselbe gilt auch für Pläne. Für jeden Plan A gibt es immer einen funktionierenden Plan B, oft sogar einen Plan C.

Einige Beispiele:

- Fällt während des Starts ein Triebwerk aus, kann immer entweder gebremst werden (bevor die Piste zu Ende ist) oder mit dem verbleibenden Triebwerk weiter gestartet, über alle Hindernisse geflogen und wieder gelandet werden.
- Kann man auf der gewollten Piste nicht landen, ist immer genug Treibstoff vorhanden, um nochmals anfliegen, zu einer anderen Piste und / oder einem anderen Flughafen, „alternate" genannt, fliegen zu können.

Prioritäten

Alle Tätigkeiten werden priorisiert und strukturiert abgearbeitet.

Zum Beispiel:

- Die Kabinenbesatzung gewichtet die Sicherheit (Sicherheitsinstruktionen, Kontrolle der Gurte, Verteilen der Schwimmwesten, etc.) immer höher als den Service.
- Die Piloten fliegen immer zuerst das Flugzeug, erst dann wird navigiert, zum Schluss dann zum Beispiel mit den Lotsen, der Kabinenbesatzung, den Gästen kommuniziert. Das sichere Fliegen ist die absolute Priorität Nummer eins.
- Die Aufgabenteilung ist immer ganz klar. Welcher Pilot fliegt das Flugzeug, welcher assistiert (funkt, Fahrwerk und Landeklappen bedient, …).

Aus- und Weiterbildung

Die Besatzungen werden nicht nur intensiv in ihrer Tätigkeit ausgebildet, sondern auch regelmäßig weitergebildet und geprüft:

- Die Besatzungen werden in CRM aus- und jährlich weitergebildet. CRM heißt „Crew Ressource Management" und bedeutet, dass Menschen effizient und genau miteinander arbeiten, also Missverständnisse vermieden und eine (Not-)Situation möglichst schnell und sicher behandelt werden kann. Auch wenn der Kapitän die letzte Entscheidungsgewalt innehat, wird von seinem Team erwartet, dass sie ihm Informationen und ihre Bedenken mitteilen und wenn nötig auch seine Entscheidungen hinterfragen. Der Kapitän muss diese Inputs in seine Entscheidungsfindung einbeziehen und wenn nötig auf seine Besatzung eingehen. Selbstgefällige Diktatoren haben heute in einem Cockpit nichts mehr verloren.
- Flugbegleiter müssen stets auswendig wissen, wo sich die verschiedene Notfall-Ausrüstungen befinden und wie sie angewendet werden: Feuerlöscher, Sauerstoffflaschen und weitere medizinische Geräte und Ausrüstungen, etc. Vor jedem Flug werden sie im → Briefing mit einem Thema „überrascht" und dazu befragt. Sie besuchen jedes Jahr einen mehrtägigen

Auffrischungskurs, der mit einem zu bestehenden theoretischen und praktischen Test in Simulatoren endet.

- Für den Erhalt ihrer Lizenz müssen Piloten ihr Wissen und Können alle sechs Monate im Simulator unter Beweis stellen: Es können sämtliche Notfallszenarien programmiert werden, sie müssen diese ausnahmslos sicher bewältigen können.

Fehlerkultur

Menschen machen Fehler – auch Flugbegleiter und Piloten sind Menschen.

Jedoch sorgen die beschriebenen Mechanismen dafür, dass ein einzelner Fehler keine schwerwiegenden Konsequenzen hat.

Im Gegensatz zur Zivilgesellschaft sollen Fehler – solange sie nicht mutwillig oder grob fahrlässig begangen werden – nicht bestraft werden.

Es wird aber einerseits erwartet, dass man nur zur Arbeit erscheint, wenn man topfit ist und bei der Arbeit immer sein Bestes gibt, andererseits, dass der Fehlbare die entstandene Situation rapportiert und beschreibt, wie es dazu kommen konnte und wie sie zukünftig vermieden werden kann.

Die Fluggesellschaften und / oder Behörden analysieren und publizieren in anonymer Form diese Rapporte, sodass alle Besatzungen davon lernen können. Wenn nötig wird sogar z.B. eine Checkliste oder ein System angepasst und somit versteckte Schwachstellen ausgemerzt.

All dies ist gesetzlich vorgeschrieben und muss in den verschiedenen Handbüchern der Flugzeughersteller und den Fluggesellschaften beschrieben sein. Im Rahmen von angemeldeten und unangemeldeten Kontrollen wird die Einhaltung der Vorschriften und der technische Zustand der Flugzeuge von den Behörden überprüft (z.B. sogenannte SAFA/SACA-Checks). Erhält eine Fluggesellschaft wiederholt gravierende Beanstandungen, kann ihr die Flugerlaubnis für einzelne Flugzeuge oder als Ganzes entzogen werden.

Wie du siehst, ist die Fliegerei eine so sichere Angelegenheit, weil viele Stellschrauben ineinandergreifen und somit jede mögliche Gefahr strategisch präventiv vermieden wird.

Im Straßenverkehr gibt es keine Lotsen, die darauf achten, dass die Fahrzeuge genügend Abstand voneinander halten und keine behördlichen Kontrolleure, die vor jeder Fahrt deinen Reifendruck und die Bremsen checken.

Letztendlich ist die Fliegerei ein Milliardengeschäft. Nicht nur die ethischen Gründe, für die Fluggäste und Crew das Fliegen so extrem sicher zu machen, sondern auch die wirtschaftlichen Hintergründe spielen eine große Rolle.

Kein Flugzeughersteller möchte fehlerhafte oder unsichere Flugzeuge bauen, die die Fluggesellschaften dann nicht kaufen. Keine Airline möchte durch einen Unfall das Vertrauen der Kunden verlieren, die dann lieber mit einer anderen Fluggesellschaft fliegen.

Piloten und Flugbegleiter sind nicht lebensmüde, indem sie sich einen gefährlichen Job ausgesucht haben - denn durch ihre Arbeit und die aller Involvierten (Behörden, Techniker, Lotsen, Flugsicherung etc.) ist das Fliegen so extrem sicher geworden, wie es heutzutage ist.

29. Interview mit einem Kapitän

Dieser Ratgeber wurde von einem A320 und A340 Kapitän inhaltlich lektoriert, damit ich sicherstellen konnte, dass ich dir hier alles korrekt erzähle. Da das Piloten-Interview in meinem ersten Buch so gut ankam, habe ich Kapitän Dominik um ein Interview gebeten:

Woher wissen die Piloten, ob und wann Turbulenzen während eines Fluges zu erwarten sind?

„Während der Flugplanung stehen verschiedene Unterlagen zur Verfügung:

1. Die „Significant Weather Chart" (SWC – Wetterkarte), welche einen großen Luftraum (z.B. ganz Europa oder den Nordatlantik) anzeigt. Dort sind verschiedene Zonen eingezeichnet, die turbulente Lufträume bedeuten können (Jetstreams, Wolken, Vereisung usw.) Die SWC gibt uns einen groben Überblick über die Flugstrecke.

2. Digitale Flugplanungsunterlagen: Windveränderungen werden berechnet und es wird in Zahlenform dargestellt, wie stark es dann wackeln könnte. Diese Vorhersagen sind heutzutage sehr genau, denn die Daten werden für alle 15 bis 25 Sekunden Flugzeit neu berechnet.
3. Es gibt Apps, die die SWC und die digitalen Daten grafisch sehr detailliert und in allen Dimensionen darstellen.

Im Flug kann die aktuelle Wettersituation von den meteorologischen Stationen des jeweiligen Landes abgefragt werden, manchmal werden spezielle Wettersituation aktiv von der Flugverkehrsleitung mitgeteilt. Dazu kommen noch die Meldungen von anderen Flugzeugen im selben Luftraum. Erlebt ein Flugzeug stärkere Turbulenzen, melden die Piloten anderen Flugzeugen dies.“

Was macht ihr, wenn es anfängt stärker zu wackeln?

„Wenn nicht bereits geschehen, stellen wir als Erstes die Anschnallzeichen an.

Als Nächstes wird die Geschwindigkeit des Flugzeugs so angepasst, dass diejenige Geschwindigkeit geflogen wird, die am meisten Abstand zwischen der Mindest- und Maximalgeschwindigkeit des Flugzeugs bietet, denn ein Flugzeug kann sowohl zu schnell als auch zu langsam fliegen. Um dies zu vermeiden wird nach oben sowie nach unten in Bezug auf die Geschwindigkeit „Luft gelassen".

Dann wird die Flugverkehrsleitstelle angefragt, ob auf anderen Höhen die Luft ruhiger ist. Diese fragt (wenn nicht schon geschehen) andere Flugzeuge in diesen Flughöhen an, ob sie auch Turbulenzen erleben oder ob es ruhiger zugeht.

Nur ein paar wenige hundert Meter können einen großen Unterschied machen.

Wenn Wolken der Grund für Turbulenzen sind, wird auch entweder höher oder tiefer geflogen. Gewitterwolken umfliegen wir immer.

Im Anflug bei stürmischem Wind hat man noch die Möglichkeit, die Landeklappen nicht vollständig auszufahren (zu 75 bis 80 Prozent) und das Flugzeug fliegt dann etwas ungestörter durch die Böen hindurch."

Warum machen Piloten keine beruhigende Ansage, wenn die Anschnallzeichen eingeschaltet werden?

„Das ist eine sehr interessante Frage, welche auch nicht so leicht zu beantworten ist.

Erstens ist die Aufgabenteilung je nach Airline anders aufgeteilt. Bei den meisten Fluggesellschaften ist es so, dass diese Ansagen von dem Kabinenchef gemacht werden. Denn wir im Cockpit checken zu dem Zeitpunkt (übrigens ganz relaxed), in welche Höhe wir gehen können, um die turbulenten Luftzonen zu vermeiden.

Ich denke, ein großer Faktor ist, dass sich die Piloten oft nicht darüber bewusst sind, dass sich einige Fluggäste bei Turbulenzen nicht wohlfühlen. Für uns sind Turbulenzen keine besondere Einschränkung und es gehört zu unserem täglich Brot. So sind wir, und wahrscheinlich auch die Flugbegleiter, etwas betriebsblind. Da könnte man noch einiges besser machen vonseiten der Piloten.

Wann natürlich keine Ansage bei leichten Turbulenzen gemacht wird, ist in der Nacht, um schlafende Fluggäste nicht zu wecken, wenn sie eh angeschnallt sind. Die Anschnallzeichen werden eingeschaltet und die Gäste, die nicht angeschnallt sind, werden von den Flugbegleitern geweckt, um sich anzuschnallen."

Hattest du als Kapitän schon mal eine „schwierige" Situation, bedingt durch Turbulenzen?

„Ich hatte einmal eine unerwartete Situation, bedingt durch starke Turbulenzen.

Während eines Fluges hat im Reiseflug völlig unerwartet der Wind stark von hinten nach vorne gedreht und das Flugzeug wurde so gegenüber der Luft um einiges schneller, als es sollte. Hinten im Flugzeug hat es ziemlich doll geschüttelt, aber zum Glück waren alle Fluggäste angeschnallt und die Flugbegleiter haben sich an den Sitzen festhalten können. Es wurde niemand verletzt, aber die Kleidung von dem ein oder anderen Fluggast wurde durch Kaffee und Getränke verschmutzt.

Fünfzehn Sekunden lang hat es sehr stark gewackelt, dann war der Spuk vorbei.

Wenn ein Flugzeug schneller fliegt als seine Maximalgeschwindigkeit, muss ein Mechaniker checken, ob der Flieger noch einwandfrei ist. Dies kann er vor Ort oder je nach Flugzeug ferngesteuert online machen, indem er sich die Daten herunterlädt. Nach 15 Minuten erhielten wir im Cockpit die Mitteilung, dass alles Ok ist und das Flugzeug wurde wieder freigegeben – was beweist, dass Turbulenzen wirklich nie ein Problem für das Flugzeug sind.“

Was möchtest du den Lesern in Bezug auf Turbulenzen zur Beruhigung noch mitteilen?

„Turbulenzen können unangenehm sein, sind aber in jedem Fall gänzlich ungefährlich für das Flugzeug.

Die einzigen Turbulenzen, die für Flugzeuge gefährlich werden können, sind die in Gewittern. Darum werden diese immer umflogen.

Im Flugzeug bewegen wir uns im Element Luft, welches dynamisch ist. Turbulenzen gehören beim Fliegen dazu wie das Wackeln beim Auto- oder Busfahren, sind ganz normal und ungefährlich.

Wichtig ist, dass Fluggäste wann immer möglich angeschnallt sind – wenn auch nur locker. Denn, wie gesehen, kann es ganz selten vorkommen, dass starke Turbulenzen unerwartet auftreten, und so ist man geschützt.

Man darf also beruhigt in ein Flugzeug steigen, denn wenn sich abzeichnen würde, dass unterwegs ein Risiko bestehen würde, würde der Kapitän den Flug nicht durchführen. Ist man schon in der Luft, werden Gewitterwolken entweder umflogen oder es wird auf einem Ausweichflughafen gelandet.“

Danke lieber Dominik!

30. Kleines Flieger-Lexikon

Ansagen

Es gibt Ansagen für die Fluggäste und welche, die nur für die Crew bestimmt sind. Die Ansagen an die Crew sind kurze englische Kommandos wie zum Beispiel: „Cabin Crew, all doors in flight" (Kabinen-Crew, alle Türen in Flugmodus stellen). Die Kommandos kommen entweder vom Kabinenchef oder aus dem Cockpit.

Bei den Ansagen für die Fluggäste gibt es zwei verschiedene: die gesetzlich vorgeschriebenen Ansagen, wie zum Beispiel, dass man angeschnallt sitzen soll, und die, die von der Airline vorgegeben werden (Willkommens- und Verabschiedungsansagen etc.)

Anschnallzeichen

Wenn du das Flugzeug betrittst, sind die Anschnallzeichen oft schon eingeschaltet. Diese werden auch erst ausgeschaltet, sobald sich das Flugzeug über 3.000 Meter befindet und keine Turbulenzen zu erwarten sind.

Sie werden wieder eingeschaltet, wenn es während des Reisefluges zu sehr wackelt oder wenn das Flugzeug den Landeanflug beginnt. Auf der Kurzstrecke gehen die Anschnallzeichen ca. 15 Minuten vor der Landung an und auf der Langstrecke ca. 30 Minuten vorher.

Aviophobie

Flugangst, auch Aviophobie genannt, gehört zu den spezifischen Phobien, bei welchen Betroffene Angst vor einer Sache oder Situation haben. Flugangst ist eine irrationale Angst, denn Fliegen gehört nicht zu den gefährlichen Situationen im Leben. Das Gute: Man kann Phobien überwinden!

BAF (Bundesaufsichtsamt für Flugsicherung)

Das Bundesaufsichtsamt für Flugsicherung ist eine Bundesoberbehörde, die ihren Sitz in Langen, Hessen hat. Das BAF überwacht und zertifiziert die deutschen Flugsicherungsorganisationen und lizenziert das Flugsicherungspersonal.

Bordtoilette

Die Bordtoilette ist auch mit Sauerstoffmasken für den unwahrscheinlichen Fall eines Druckabfalls ausgestattet.

Es gibt dort auch Rauchmelder (die direkt die Kabinenbesatzung und Piloten alarmieren) und automatische Feuerlöscher.

Wenn du dich auf der Bordtoilette befindest und es dir nicht gut geht, kannst du den Flugbegleiter-Knopf drücken. Es ertönt dann in der Kabine ein besonderes akustisches Signal, welches bedeutet, dass jemand in der Toilette schnelle Hilfe benötigt.

Falls du dich mal gefragt hast, ob der Mythos stimmt, dass das Abwasser einfach in die Luft abgelassen wird: Nein, dieser Mythos ist nicht wahr. Es gibt einen großen Abwassertank im Flugzeug.

Briefing

Das Briefing ist das Zusammentreffen der Kabinen- und Cockpit-Crew vor dem Abflug. Es wird sich einander vorgestellt und über sicherheits- und flugrelevante Dinge gesprochen. Die Kabinencrew geht verbal Notsituationen durch und bespricht, wie sie in gewissen Situationen richtig reagieren würden. Zudem sprechen sie auch kurz über den Service.

Die Cockpit-Crew sagt uns die berechnete Flugzeit und ob (und wann) Turbulenzen zu erwarten sind.

Check-In

Du kannst dich für deinen Flug vorab online einchecken. Hast du jedoch einen Koffer dabei, den du einchecken musst, wirst du auch zum Check-In-Schalter gehen müssen und deinen Koffer aufgeben.

Die Damen und Herren am Check-In können dir auch behilflich sein, was deine Flugangst angeht. Sei ganz offen und bitte den Check-In-Mitarbeiter, dir einen Platz weit vorne zu geben, dort wackelt es tendenziell weniger.

Cockpit

Der Arbeitsplatz der Piloten wird auch Flight Deck genannt.

Das Cockpit beinhaltet auf Großraumflugzeugen ca. 300 Bedienelemente, Anzeigen, Schalter, Steuerungen, Instrumente und vieles mehr, womit alle wichtigen Systeme gesteuert werden können: Die Steuerflächen, Triebwerke, Treibstoffpumpen, Feuerlöscher, Klimaanlage, Fahrwerk, Landeklappen, Enteisungsanlagen usw.

DFS (Deutsche Flugsicherung)

Die Deutsche Flugsicherung GmbH ist für die Flugverkehrskontrolle des Luftverkehrs in Deutschland zuständig. Sie gehört der Bundesrepublik Deutschland und wird vom Bundesaufsichtsamt für Flugsicherung (BAF) kontrolliert. Es arbeiten ca. 2.200 Fluglotsen beim DFS.

Durchstarten (Go Around, Missed Approach)

Durchstarten bedeutet, dass sich das Flugzeug schon im Landeanflug befunden hat und sich wieder in den Himmel erhebt. Dafür kann es viele Gründe geben: Starke Winde, Dinge oder Tiere auf der Landebahn, schlechte Sicht, das Flugzeug ist noch zu schnell, usw.

Der Schub wird wieder erhöht, das Flugzeug steigt weg vom Boden, das Fahrwerk wird wieder eingefahren. Auf einer sicheren Höhe wird um den Flugplatz erneut zum Anflug oder einem anderen Flugplatz geflogen.

Das Durchstarten wird nicht als Zwischenfall bewertet, also erschrecke dich nicht, auch wenn es überraschend ist. Es zählt zu den sogenannten „Normal Procedures" (normale Prozeduren) und dient als → Alternative zur Landung, wenn diese nicht 100%ig sicher ist.

Da die Fliegersprache Englisch ist, wird das Durchstarten „Go Around" oder „Missed Approach" genannt.

Damit jedes anfliegende Flugzeug die Möglichkeit des Durchstartens bis zum Schluss behalten kann, ist der Luftraum im Missed Approach immer frei von Hindernissen oder anderen Flugzeugen.

Druckverlust (Decompression)

Da Flugzeuge in Höhen fliegen, in welchen die Luft zu dünn zum Atmen ist, wird in der Kabine künstlich der Druck erhöht.

Ein Druckverlust kommt sehr, sehr selten vor. In diesem Fall würden die Sauerstoffmasken aus der Kabinendecke fallen, das Flugzeug würde schnell in eine Flughöhe mit dichterer Luft absinken und dann landen.

Einsteigevorgang (Boarding)

Der Einsteigevorgang beginnt, sobald der erste Fluggast an Bord kommt. Zuvor haben die Flugbegleiter das Kabinen-Equipment nach Funktionstüchtigkeit gecheckt und die Piloten das Cockpit und die Computer für den Flug vorbereitet. Ein Pilot macht vor dem Einsteigen der Gäste auch noch einen Außencheck am Flugzeug.

Der Einsteigevorgang ist deine Chance, dem Cockpit mal kurz Hallo sagen zu können. Frag gleich beim Einsteigen die Flugbegleiter, ob du mal kurz ins Cockpit kannst. Die Türen des Cockpits stehen beim Einsteigen noch offen und werden dann geschlossen, sobald das Boarding beendet ist und die Flugzeugtüren geschlossen sind und in den Flugmodus gestellt wurden.

Evakuierung

Im Training der Flugbegleiter wird ein großer Fokus auf das Thema Evakuierung gelegt, obwohl sie extrem selten vorkommen. Aber die Flugbegleiter sind nicht (nur) für den Service an Bord, sondern hauptsächlich wegen der Sicherheit (per Gesetz).

Es gibt mehrere Varianten einer Evakuierung der Fluggäste:

- Beim Einsteigen: Während des Einsteigevorgangs werden die Fluggäste wieder zurück in den Flughafenbereich geschickt, oder die Treppen hinunter aufs Vorfeld (je nach Parkposition). Dies kann der Fall sein, wenn eine Rauch- oder Feuerentwicklung stattfindet.

- Beim Rollen (zur Startbahn): Ist das Flugzeug nicht mehr am Gate mit Brücke oder nicht mehr mit Treppen versehen, lösen die Flugbegleiter beim Kommando zur Evakuierung das Aufblasen der Notausgangsrutschen aus. Diese blasen sich in wenigen Sekunden auf und die Fluggäste verlassen das Flugzeug über diese Rutschen.
- Beim Rollen (nach der Landung): Muss das Flugzeug nach der Landung aus Sicherheitsgründen schnell verlassen werden, lösen die Flugbegleiter nach Kommando des Cockpits das Aufblasen der Notausgangsrutschen aus. Vielleicht hast du es beim Vorfall auf dem Hudson River gesehen: Die Notausgangsrutschen fungieren bei vielen Flugzeugen auch als Floß bei einer Notwasserung.
- Koordiniertes Aussteigen: Bei einem koordinierten Aussteigen werden die Fluggäste gebeten, das Flugzeug LANGSAM über die Notausgangsrutschen oder Treppen zu verlassen.

Die Flugbegleiter verlassen das Flugzeug bei einer Evakuierung erst, wenn alle Fluggäste das Flugzeug verlassen haben. Diese Prozesse üben Flugbegleiter in

Simulatoren jedes Jahr aufs Neue für jedes Flugzeugmuster, das sie auf Strecke fliegen.

Eine sofortige Evakuierung wird nur ausgelöst, wenn das Flugzeug für die Insassen nicht mehr sicher ist: Wenn ein Feuer nicht gelöscht werden kann, das Flugzeug strukturell beschädigt ist (z.B. die Flugzeughülle durchbrochen) oder nach einer Notwasserung. In allen anderen Fällen steigen die Gäste über Treppen oder die Fluggastbrücke aus.

Exit-Signs (Notausgangsbeleuchtung)

Die Notausgangsbeleuchtung sind Schilder in der Nähe der Notausgänge mit dem Wort „Exit" darauf und zeigen somit, wo sich die Notausgänge befinden. Sie sind während des Einsteigens und Rollens des Flugzeugs beleuchtet und auch während des Starts eingeschaltet und gehen kurz nach dem Start wieder aus. Kurz vor der Landung wird die Notausgangsbeleuchtung wieder eingeschaltet (mit kurzem akustischem Ton) und bleibt beim Rollen zur Parkposition und beim Aussteigen weiterhin an.

Leuchtstreifen am Boden in den Gängen zeigen auch den Weg zu den Notausgängen an, wenn das Flugzeug keinen Strom mehr hat.

FAA (Federal Aviation Administration)

Die FAA ist die Bundesluftfahrtbehörde der Vereinigten Staaten von Amerika.

Flugbegleiter

Flugbegleiter sind wegen gesetzlicher Vorgaben an Bord. Die Mindestanzahl der Flugbegleiter errechnet sich aus der Anzahl der Fluggäste und der Anzahl der Notausgänge des Flugzeugs.

Flugbegleiter lernen in ihrer kurzen, aber sehr intensiven Ausbildung hauptsächlich sicherheitsrelevante Prozeduren. Dazu gehören unter anderem die Evakuierungsprozesse der jeweiligen Flugzeugmuster, das Erkennen und schnelle Handeln bei Rauch oder Feuerentwicklung, erste Hilfe und lebenserhaltende Maßnahmen, sowie das Bändigen von randalierenden Fluggästen. Flugbegleiter sind die Augen, Ohren, Nasen und Hände der Piloten innerhalb der Kabine und für die Fluggäste sind sie da, um sie sicher und gesund von A nach B zu begleiten.

Fluglotsen

Fluglotsen sind für die Separation der Flugzeuge zuständig. Das heißt, sie sind verantwortlich, dass sich die Flugzeuge nie zu nahe kommen. Sie tun dies mit der Koordination von Start-, Lande- und Rollerlaubnis und sie steuern den Flugverkehr in der Luft, indem sie den Flugzeugen verschiedene Höhen, Richtungen oder Geschwindigkeiten vorgeben.

Galley

Die Galley ist die Bordküche in einem Flugzeug. In der Service-freien Zeit kannst du dich gerne mal in die Galley begeben und dich mit einem Flugbegleiter unterhalten. Das kann dich bei Flugangst beruhigen.

Gate

Am Gate wird jeder Boarding-Pass von den einsteigenden Fluggästen gescannt. So wird erfasst, wer wirklich ins Flugzeug eingestiegen ist. Am Ende des Einsteigevorgangs am Gate gibt ein Bodenmitarbeiter der Crew die genauen Passagierzahlen. Auch wenn das Flugzeug mit einem Bus erreicht wird, müssen die Fluggäste über das Gate zu den Bussen. Hier gebe ich dir den Tipp, dich wenn möglich ganz gemütlich am Ende der Schlange anzustellen. So kannst du am Gate noch sitzen bleiben, bis die Schlange sich gelichtet hat und du bist entspannter.

Gewitter

Gewitter sind in der Fliegerei nichts Neues oder Besonderes. Sie werden von Passagierflugzeugen umflogen.

Blitzeinschläge sind weder für das Flugzeug noch für die Fluggäste gefährlich. Nach dem Einschlag wird das Flugzeug jedoch untersucht, da es an der Einschlagstelle und an der Stelle, an welcher der Blitz ausgetreten ist, zu ganz kleinen Beschädigungen wegen Hitze kommen kann.

Siehe auch → Kapitel 16.

Holding (Warteverfahren)

Von Holding wird gesprochen, wenn z.B. die Zahl der anfliegenden Flugzeuge die aktuelle Aufnahmekapazität des Flughafens übersteigt und die Flugzeuge so lange warten müssen, bis sie an der Reihe sind und von den Fluglotsen die Anflugfreigabe bekommen. Da Flugzeuge sich immer durch die Luft bewegen müssen, können sie nicht einfach anhalten, sondern fliegen Warteschleifen.

Die geflogenen Holdings sind festgelegte, dafür reservierte Lufträume.

IATA (International Air Transport Association)

Die IATA ist der internationale Dachverband der Luftverkehrsgesellschaften mit Sitz in Genf.

ICAO (International Civil Aviation Organization)

Die Internationale Zivilluftfahrt-Organisation, engl. ICAO, ist eine Sonderorganisation der Vereinten Nationen, die Standards für den zivilen Luftverkehr eingeführt hat und ihren Sitz in Montreal (Kanada) hat. Sie definiert Standard und empfohlene Abläufe, die von den meisten Staaten übernommen werden (Standards and Recommended Practices). Ihr gehören 190 Vertragsstaaten an. Deutschland wird darin vom Bundesministerium für Verkehr und digitale Infrastruktur (BMVI) vertreten.

Interphone

Das Interphone ist das Telefonsystem, welches im Flugzeug eingebaut ist. Es befindet sich an jedem Flugbegleiter-Sitz, in den Bordküchen, im Crew Rest (Schlafkabine für die Crew auf der Langstrecke) und im

Cockpit. So können sich die Flugbegleiter und Cockpit Kollegen anrufen und Informationen weitergeben.

Jetstream

Jetstreams sind Starkwindbänder in großer Höhe, die sich um die Erdkugel mit bis zu 150 bis 450 km/h bewegen. In der Fliegerei werden die Jetstreams als Rückenwind genutzt, um schneller am Ziel anzukommen (→ Kapitel 14).

Kapitän

Der Flugkapitän ist der verantwortliche Luftfahrzeugführer und wird auch „Pilot in Command" (PIC) genannt. Er oder auch sie trägt die Verantwortung für die Durchführung des Fluges und die Sicherheit des Flugzeuges und dessen Insassen. Er hat dafür die volle Entscheidungs- und Weisungsbefugnis und kann z.B. renitente Gäste von Bord weisen oder verhaften lassen oder entscheiden, ob zwischengelandet werden muss. Fliegt er das Flugzeug, wird er in seinem Handeln von den Kopiloten überwacht.

Zu erkennen ist er an den vier dicken Streifen an seinen Blazer-Ärmeln oder am Schulterbereich des Hemdes.

Kopilot

Der Kopilot (FO - First Officer) unterstützt den Kapitän in administrativen Belangen und ersetzt den Kapitän, sollte dieser seine Aufgaben nicht mehr wahrnehmen können. Der First Officer ist an drei Streifen zu erkennen.

Er fliegt das Flugzeug genauso oft wie der Kapitän und wird dabei von diesem überwacht.

Auf Langstreckenflügen werden auch SFO (Senior First Officer) eingesetzt, welche den Kapitän für die wichtigsten Belange vertreten dürfen. So kann der Kapitän während des Reisefluges auch eine Pause machen. Der SFO nimmt in dieser Zeit den Platz des Kapitäns ein (linker Sitz im Flugzeug) und rechts von ihm sitzt der First Officer (FO). Wird zu dritt mit einem SFO geflogen, darf jeder Pilot einzeln eine Pause machen, sodass immer 2 Piloten im Cockpit sind. Während Start und Landung sind immer alle Piloten im Cockpit.

Klingeln im Flugzeug

Viele Flugangst-Betroffene machen sich darüber Gedanken, was das Klingeln im Flugzeug zu bedeuten hat. Dabei bimmelt es ständig im Flugzeug und das ist ganz normal. Zum Beispiel macht es „Bing", wenn kurz nach dem Abheben die Notausgangsschilder-Beleuchtung ausgeschaltet wird. Auch hört man ein Klingeln, wenn sich die Flugbegleiter mit dem → Interphone anrufen. Zudem hörst du vielleicht, wenn ein Fluggast den Flugbegleiter-Knopf drückt. Wenn ein Kind daran herumspielt, kann es auch oft bimmeln.

Der einzige Klingelton in der Kabine, der auffällig ist, ist der, wenn der Rauchmelder der Bordtoiletten ausgelöst wurde. Das passiert ab und zu mal, da Sprüh-Deodorants die Rauchmelder auslösen können.

Du brauchst dir wegen des Klingelns an Bord also keine Sorgen zu machen.

Übrigens hörst du die meisten Klingeltöne nur, wenn du in der Nähe der → Galley oder nahe eines Flugbegleiter-Sitzes bist.

LBA (Luftfahrt-Bundesamt)

Das Luftfahrt-Bundesamt (LBA) ist die oberste Bundesbehörde für die Aufgaben der zivilen Luftfahrt in Deutschland. Es untersteht der Dienst- und Fachaufsicht des Bundesministeriums für Verkehr und digitale

Infrastruktur (BMVI). Sitz des LBA ist Braunschweig. Dort sind die fünf Abteilungen: Betrieb, Technik/Umweltschutz, Luftfahrtpersonal, Luftfahrtsicherheit und Zentrale Dienste, sowie ihre Referate angesiedelt. Die eigenständige Dienststelle Flugsicherung (LBA-FS) hat ihren Sitz in Langen. Die Außenstellen des LBA befinden sich in Berlin, Düsseldorf, Frankfurt am Main, Hamburg, München und Stuttgart.

Medizinischer Notfall

Medizinische Notfälle kommen im Flugzeug ziemlich oft vor. Auch ich habe schon viele medizinische Vorfälle bei Fluggästen erlebt, aber zum Glück noch nie einen schwerwiegenden Fall.

Wir Flugbegleiter sind gut in Erster Hilfe ausgebildet und ziehen je nach Situation auch Ärzte zurate, die sich an Bord befinden. Sollte sich mal kein Arzt unter den Fluggästen befinden, können wir jederzeit eine fliegerärztliche Hotline kontaktieren, welche 24/7 mit Ärzten besetzt ist. Flugzeuge haben immer einen voll ausgestatteten Arztkoffer an Bord. Falls ein schwerwiegender medizinischer Notfall vorliegt, wird auf dem nächstmöglichen Flughafen gelandet.

Wegen durch Flugangst bedingten Panikattacken wird nicht gelandet, da diese kein Risiko für die Gesundheit des Fluggastes darstellen.

Navigation

Verkehrsflugzeuge werden nicht primär mit Sicht nach außen, sondern nach Instrumenten geflogen, dann kann man nämlich auch durch Wolken oder schlechtes Wetter fliegen. Dafür haben sie verschiedene Systeme: Trägheitsnavigationssystem (Inertial Navigation System), Funkfeuer (VOR), usw. und heute auch GPS. Es wird immer mehr als eine Navigationsart gleichzeitig verwendet, denn auch das GPS hat manchmal Ausfälle.

Flugzeuge fliegen selten eine direkte Linie von Flughafen zu Flughafen, sondern sie fliegen auf Luftstraßen von Punkt zu Punkt. Diese Punkte sind jedoch fast so angeordnet wie eine direkte Linie, um Kerosin zu sparen. Auf der Flugkarte im Bordunterhaltungssystem sehen diese Strecken meistens sehr gebogen aus – da die Erde jedoch eine Kugel ist, ergibt diese gekrümmte Strecke (der Großkreis) tatsächlich fast die kürzeste Strecke zwischen Start- und Zielort.

Für den Anflug reicht die Genauigkeit von GPS nicht mehr aus. Bei schlechtem Wetter wird daher nach einem Präzisionslandesystem (ILS) geflogen, welches das Flugzeug auf etwa zwei Meter genau zur Piste führt. Ist das Wetter sehr schön und sind keine anderen Flugzeuge in der Nähe, kann ein Anflug auch mal nach Sicht geflogen werden - sehr zur Freude der Piloten!

Den einzelnen Flugzeugen werden Flughöhen zugeteilt, das Flight Level, die sie halten müssen. Die Flight Level sehen beispielsweise so aus:

FL350 (ca. 35.000 Fuß = ca. 10.670 m)

FL270 (ca. 27.000 Fuß = ca. 8.230 m)

Die geraden Flight Level werden meist von Flugzeugen genutzt, die Richtung Westen fliegen, die ungeraden Richtung Osten - Ausnahmen sind möglich. Der Abstand nach oben und unten zwischen zwei Flugzeugen, die sich auf derselben Route treffen, beträgt mindestens ca. 300 Meter (1000 Fuß).

Notausgänge

Oft werde ich gefragt, welcher Sitzplatz im Flugzeug am sichersten ist. Weil die meisten Fragenden meine Antwort (jeder Platz ist sicher) als nicht ausreichend empfinden, sage ich dann, dass die Plätze in der Nähe von den Notausgängen am sichersten sind. Die Ausgänge sind schließlich dafür da, in einem Notfall am Boden das Flugzeug zu verlassen. Ich selbst habe die Notausgänge noch nie wegen eines Notfalls öffnen müssen und kenne auch keinen Kollegen, der das je tun musste.

Outside- / Pre-flight-Check

Vor jedem Flug macht einer der Piloten einen sogenannten Outside-Check (Außencheck des Flugzeugs). Dabei wird u. a. der Zustand des Fahrwerks, der Triebwerke, der Reifen, Bremsen, Außenhaut des Fliegers und weitere Dinge nach Sicht geprüft.

Währenddessen checken die Flugbegleiter die Ausrüstung in der Kabine und im Cockpit werden auch alle Systeme von den Piloten kontrolliert.

Purser

Der Purser oder auch die Purserette / Purserin ist der / die Flugbegleiter Chef / -in. Diese haben bei den meisten Fluggesellschaften ein besonderes Training bekommen und wurden so ausgesucht, dass sie Führungsqualitäten besitzen. Sie machen auch meist die Ansagen im Flugzeug. Auf der Kurzstrecke befindet sich nur ein Purser an Bord (P1) und auf der Langstrecke gibt es noch einen P2, welcher auch im Rang höher ist, als der P1.

Quellwolken

Quellwolken werden von Flugzeuge umflogen und sind mit dem bloßen Auge und auf dem Wetterradar gut zu erkennen (→ Kapitel 16).

Reiseflughöhe

In meinen telefonischen Flugangst-Coachings wird von den Flugängstlern oft berichtet, dass sie kurz vor dem Erreichen der Reiseflughöhe ein komisches Gefühl bekommen, wenn sich das Flugzeug vom steigenden Flugwinkel in die gerade Position begibt. Sie sagen, es fühlt sich kurz so an, als ob die Triebwerke aus gehen oder man kurz an Höhe verliert.

Dem ist aber nicht so, denn das, was man in diesem kurzen Moment spürt, ist kein Triebwerksausfall oder Höhenverlust, sondern einfach nur das Geradestellen des Fliegers.

Slot (Abflugzeitfenster)

Der Slot ist ein Zeitfenster, welches den Piloten von der Flugsicherung für den Start zugeteilt wird.

Damit wird verhindert, dass ein Luftraum oder der Zielflughafen später nicht überlastet wird.

Wird dieses Zeitfenster verpasst, darf ein Flug nicht starten, sondern muss einen neuen Slot beantragen. Dieser kann nur ein paar Minuten, manchmal aber auch eine oder zwei Stunden später sein. Ein Slot kann sich während der Wartezeit auch verbessern oder plötzlich ganz wegfallen.

Dann gibt es noch den Flughafen-Slot. Dieser wird von der Fluggesellschaft und dem Flughafen ausgehandelt und regelt die Start- und Landerechte an dem jeweiligen Flughafen.

Startabbruch

So wie es einen Landeabbruch gibt, kann es auch zu einem Startabbruch kommen.

Ein Startabbruch wird z.B. durchgeführt, wenn das Flugzeug plötzlich ein größeres technisches Problem zeigt oder doch ein anderes Fahr- oder Flugzeug noch auf die Startbahn rollt.

Ist das Flugzeug noch langsam, wird auch mal wegen einer nicht normalen Anzeige wieder angehalten. Ist man schon schnell, wird der Start nur noch wegen schwerwiegenden Störungen abgebrochen: beispielsweise nach einem Triebwerksausfall, einem Problem mit der Steuerung oder Feuer an Bord. Auch dann reicht der Rest der Piste aus, um das Flugzeug zum Stehen zu bringen. Der Startabbruch ist nichts anderes als der Plan B zum Start.

Ich habe auch einen solchen Startabbruch schon erlebt. Auch wenn sich sehr starkes Abbremsen schon extrem anfühlen kann, ist es völlig ungefährlich.

TCAS (Traffic Collision Avoidance System)

Das TCAS gehört zu dem Kollisionswarnsystem „Airborne Collision Avoidance System" (ACAS) und dient der Vermeidung von Flugzeugkollisionen in der Luft. Es greift dann, wenn sich trotz aller Vorsicht zwei Flugzeuge zu nahe kommen.

Der horizontale Mindestabstand von Flugzeugen liegt zwischen 3 und 20 nautischen Meilen, was 5,6 bis 37 Kilometer bedeutet, je nach Radarüberwachung durch die Flugverkehrsleitstellen.

Piloten haben das TCAS im Cockpit, um vor Abstandsunterschreitungen gewarnt zu werden. So werden Abstände von den Piloten und Fluglotsen kontrolliert - doppelt hält auch hier besser.

Thirty-Second-Review

Hast du vielleicht schon mal so in einem Flugzeug gesessen, dass dir ein Flugbegleiter gegenüber saß? Dann konntest du vielleicht beobachten, dass derjenige kurz vor dem Start (und auch kurz vor der Landung) in sich gegangen ist. Er quatscht dann nicht mehr mit den Fluggästen, sondern konzentriert sich für mindestens 30 Sekunden lang darauf, was er in einer brenzligen Situation tun müsste. Dies nennt man (zumindest bei meiner Airline) „Thirty-Second-Review".

So sind die Flugbegleiter mental immer für Notfälle vorbereitet. Auch wenn Notfälle sehr selten passieren, sind wir Flugbegleiter genau dafür da, in diesen Situationen schnell und richtig zu handeln.

UTC (Universal Time Coordinated - Weltzeit)

In der Fliegerei wird Englisch als Kommunikationssprache genutzt und die gültige Weltzeit UTC als Zeitangabe verwendet. So wird sichergestellt, dass keine Missverständnisse wegen der verschiedenen Zeitzonen auf der Welt entstehen.

Auf unseren Crew-Dienstplänen stehen alle Uhrzeiten in UTC.

Wartung und Reparatur der Flugzeuge

An jeder Maschine geht ab und zu auch mal etwas kaputt. Da jedes System mindestens doppelt vorhanden ist, passiert aber auch dann nichts. Vor dem nächsten Flug muss der Defekt grundsätzlich behoben werden. Gewisse Reparaturen können mit genau definierten Bedingungen verschoben werden (mit der Minimum Equipment List, → Kapitel 24).

Neben den Reparaturen und Checks der Techniker und Piloten vor jedem einzelnen Flug werden noch folgende Checks bei Flugzeugen durchgeführt:

Daily Check: Dieser tägliche Check beinhaltet den → Outside-/Pre-Flight-Check, sowie die genaue Kontrolle von Reifen(-druck), Bremsen, Flüssigkeiten, etc. Außerdem wird der zentrale Wartungscomputer ausgelesen, um versteckte Fehlermeldungen zu erkennen.

A-Check: Erfolgt ca. alle zwei Monate. Alle Systeme werden gecheckt und die Kabine wird gewartet.

B-Check: Ein aufwendigerer Check alle drei bis sechs Monate. Wartung der Elektronik und innere Wartung.

C-Check: Alle 15 bis 18 Monate wird ein sehr gründlicher Check des Flugzeugs durchgeführt, welcher insgesamt ca. ein bis zwei Wochen dauert.

D-Check: Alle sechs bis zehn Jahre wird das Flugzeug komplett auseinandergenommen und bis auf die letzte Schraube geprüft (auch durch Einsatz von Röntgenstrahlen). Das Ganze dauert vier bis sechs Wochen und kostet mehrere Millionen Euro. Danach ist der Flieger quasi „wie neu".

Jeder Flug und alles, was je an einem Flugzeug gearbeitet wurde, wird im Logbuch - dem Aircraft Log - festgehalten, inklusive des Namens des Mechanikers oder Kapitäns. Das heißt, von der Herstellung bis zur Außerdienstnahme zwanzig oder dreißig Jahre später ist das ganze Flugzeugleben nachvollziehbar: Wann das Flugzeug wo gelandet ist, wann welche Glühbirne ausgewechselt wurde, wie viel Öl nachgefüllt wurde, wer wann welche Wartung vorgenommen hat.

Wirbelschleppen (Wake Turbulence)

Sie entstehen an den Enden der Tragflächen durch den Luftdruckunterschied zwischen deren Ober- und Unterseite und zeigen sich in Form schnell drehender Wirbel (die ein Flugzeug hinter sich nachschleppt, ergo der Name). Bei ganz nassem Wetter sind sie beim startenden oder landenden Flugzeug manchmal sichtbar. Je schwerer und langsamer das Flugzeug, desto stärker die Wirbelschleppen. Somit achten die Fluglotsen und Piloten immer darauf, genügend Abstand zum voraus fliegenden Flugzeug zu haben, damit sie nicht in dessen Wirbelschleppen geraten.

Der Abstand z.B. zu einem A380 muss immer mindestens 11 Kilometer betragen, egal wie groß das nachfolgende Flugzeug ist.

X,Y & Z

Wenn du dir mal in Dokus den Funk-Austausch von Piloten und der Flugsicherung angehört hast, könntest du bemerkt haben, dass für dich ungewohnte Wörter verwendet werden.

„Bravo Lima 123 turn left" wäre ein Beispiel für die fiktive Flugnummer BL123.

In der Fliegerei wird auf Englisch buchstabiert, so sagt man nicht Bertha Ludwig, sondern Bravo und Lima.

Zu X sagen wir Flieger „X-Ray", zu Y „Yankee" und zu Z „Zulu".

Der Vollständigkeit halber hier das ganze (Flieger-)Alphabet:

A = Alpha

B = Bravo

C = Charlie

D = Delta

E = Echo

F = Foxtrot

G = Golf

H = Hotel

I = India

J = Juliette

K = Kilo

L = Lima

M = Mike

N = November

O = Oscar

P = Papa

Q = Quebec

R = Romeo

S = Sierra

T = Tango

U = Uniform

V = Viktor

W = Whisky

X = X-Ray

Y = Yankee

Z = Zulu

31. Nachwort

Turbulenzen sind unangenehm, aber nicht gefährlich für das Flugzeug. Das Element Luft ist immer in Bewegung und bewegt die kleinsten Grashalme und natürlich auch Flugzeuge, welche so gebaut sind, dass Turbulenzen ihnen nichts antun können.

Wie beim Autofahren ist es wichtig, angeschnallt zu sein, wenn man sich auf seinem Platz befindet. So bist du körperlich geschützt - so unangenehm das Gewackel auch mal sein kann.

Piloten und Flugbegleiter erleben tagtäglich turbulente Luftzonen und wissen, dass das Flugzeug trotzdem sicher landen wird. Das Wackeln ist sozusagen eine „Alltagssituation" für die Crewmitglieder. Selbst wenn sie den Service abbrechen, sind sie weiterhin ganz entspannt und lesen oder quatschen auf ihren Flugbegleiter-Sitzen.

Zusammengezählt habe ich als Flugbegleiterin schon über 6 Monate meines Lebens in Flugzeugen verbracht. Ich habe zwar kein Tagebuch über vorgekommene Turbulenzen geführt, aber gefühlt sind die allermeisten

Flüge frei von erwähnenswertem Wackeln / Schaukeln gewesen.

Ich hoffe, dass dieser kleine Ratgeber deine Angst vor Turbulenzen ein wenig mindern konnte, damit du entspannter fliegen kannst. Flugzeuge sind das sicherste Reisemittel der Welt - nur Aufzug fahren ist noch sicherer. Wäre das Fliegen wirklich so unsicher, wie viele Menschen glauben, würde ich diesen Job als Mutter eines kleinen Sohnes nicht machen.

Die Angst vor Turbulenzen oder dem Fliegen allgemein sollte dir nicht den Spaß am Fliegen oder Reisen vermiesen. Turbulenzen sind Alltag in der Fliegerei und meist nicht ganz vermeidbar - die Angst davor lässt sich allerdings bändigen oder besser noch besiegen.

Flugangst ist heilbar und Fliegen kann auch so schön sein!

Die Mutigsten, sind nicht die, die vor nichts Angst haben, sondern diejenigen, die sich ihrer Angst stellen.

Always happy landings,

Deine Delia

Möchtest du noch mehr über das Fliegen und Tipps gegen Flugangst erfahren?

Dann schau auf Amazon nach meinem Buch „**Flugangst-Tipps einer Stewardess**". Darin bekommst du Hintergrundwissen über die Fliegerei, die Abläufe am Flughafen und im Flug, Grundlagen über die Technik von Flugzeugen und anwendbare Tipps zur Beruhigung von mir als erfahrene Flugbegleiterin und Flugangst-Coach.

Hat dir dieser Ratgeber gefallen?

Dann würde ich mich freuen, wenn du mir dein Feedback in Form einer Rezension auf Amazon geben würdest.

Rezensionen helfen interessierten Lesern, den Inhalt einzuschätzen und erhöhen die Auffindbarkeit des Buches auf Amazon. Ich freue mich auf dein Feedback. Lieben Dank!

32. Social Media Kanäle Delia Wings

Mein Buch gegen Flugangst: https://amzn.to/2ZgM8dz („Flugangst-Tipps einer Stewardess")

Notizbuch mit 61 Fakten gegen Flugangst: https://amzn.to/2XGdB7F

Email: delia_wings@hotmail.com

Blog: www.delia-wings.de

Instagram: @delia_wings

Facebook: Delia Wings - Reisetipps einer Stewardess

TikTok: @deliawings

YouTube: Delia Wings - Reisetipps einer Stewardess

Twitter: @DeliaWings

Pinterest: @StewardessDelia

Flipboard: Delia Wings

Telefonisches Flugangst Coaching: https://delia-wings.de/produkt/flugangst-coaching/

oder Email an delia_wings@hotmail.com

33. Impressum

Autor:

Delia Bannach

Lietzenburger Str. 86

10719 Berlin

delia_wings@hotmail.com

Erscheinungsjahr:

2021

Verlag:

Selbstverlag der Autorin

ISBN 978-3-00-070748-3

Lektorat und Korrektur:

Inhaltliche Korrektur: A320 und A340 Kapitän Dominik

Textkorrektur und Lektorat: Saskia Hummert, Guido Riva, Dennis Strauch, Christina Pischke

Cover Design:

Autorin

Printed in Poland
by Amazon Fulfillment
Poland Sp. z o.o., Wrocław

13774810R00113